就活女子のための
就活迷宮から抜け出すトビラ

井上真里

はじめに

　この本は、いわゆる就職活動の進め方をお伝えするマニュアル本ではありません。今、就職活動で具体的に次のような壁を感じている就活生のための本です。

- 志望動機がよくわからない
- 会社選びの軸があいまい
- 自分のアピールに自信がない
- 将来のビジョンがイメージできない
- 面接でとにかく緊張する
- 一次面接を通過できない
- 一次面接はうまくいくのに、二次面接より先に進めない
- 最終面接で不合格が続いている

　私は、新卒ではじめて入社した会社で採用担当になってから、会社員時代のほぼすべての時間を面接という現場で過ごしてきました。今は就職活動や面接をテーマとして、就職活動中の大学生を中心にアドバイスをしています。これまで仕事を通じて、5,000名を超える就活生にお会いしてきました。この仕事をしていて、就職活動真っ最中のみなさんと一日中とことん話していく中で、就職活動で

の悩みには、典型的なパターンがあることがわかってきました。そして、そのパターンにはまってしまっている状況には、「いくつかの共通した原因があるのでは？」とも感じるようになりました。

　この本は、就職活動の進め方をマニュアルとしてお伝えしたり、うわべで"うまくやる"テクニックを片っ端からインストールすることを目的としてはいません。あなたが今直面している「ここにある壁」をどう乗り越えていけばよいのかを、私が就活生との奮闘記で得たありったけのことから、ぎゅっと振り絞って伝えていきます。

　この本を手に取っていただいたあなたに、「なぜあなたが今の状況に直面しているのか」と、「あなたが直面しているその壁を乗り越えるポイント」を具体的に伝えることで、今日、この日から、あなたの就職活動が大きく変わっていけば嬉しいです。

　体調が悪いときには、むやみにたくさんの薬を飲むのではなく、正しい診断と、あなたに合った処方箋が必要です。情報があふれている中で、ただやみくもにがんばるのではなく、今のあなたの状況を理解して、自分の壁を乗り越えていきましょう。あなたの新しい一歩のために。

Table of Contents

はじめに…2

Prologue　「がんばり方がわからない」という苦しさ ——8

Chapter 1　ウォーミングアップ〜エンジンの点検をしよう— 12

就職活動を「やらされて」いない？…12
就職活動は、いろんなスイッチで前向きになれる…19
就職活動はとことん明るい未来を考えていい…26
新卒採用と中途採用の比較…27
キャリアの3つの輪…28

Chapter 2　迷宮から抜け出すために自分を知る ———— 32

子供の頃になりたかった職業の意外な共通点…36
あなたがハマったことは？…38
中学校時代からさかのぼって見つけるモチベーションのスイッチ…40
選択の理由にもあなたらしさがある…45
ピンとくるキーワードから選んでみる…49
「人と接する仕事がしたい」という想いを解明する…52
あなたらしさのルーツはどこに？…56
日常生活でもあなたの価値は発揮されている…61
「サポート役」という言葉でまとめるなんてもったいない…66
短所を長所に転換する…68
それでもアピールが見つからないときは、今日から探せばいい…70

なりたい印象やイメージから考える…74
こんな社会ができたらいいなというイメージから考える…77

☕ *café time* 失敗経験が自分に与えてくれた意味は？…78

Chapter 3　迷宮から抜け出すために自分を伝える────── 80

楽しく話せる！　実感を大切に…82
自分と周りの応募者の合否は無関係だと思う…82
事前の準備があれば本番も安心…84
いちばんの自分でその場にいますか？…87
面接でホームラン狙ってない？…88
周りから見たあなたはどんな人？…90
思い入れの強さで隠されている才能がある…92
好きなことを仕事にするときは働くことも想像してみよう…96
仕事で求められる姿勢や意識、どこまで答えられますか？…97
将来のビジョンは「一通り仕事ができて頼られる人」でいいの？…98
ラストステージでの覚悟と確信…100

☕ *café time* 面接官と就活生にギャップが大きい3つのシーン…102

Chapter 4　さあ、あなたのステージを探しにいきましょう —104

　世の中には、まだまだあなたが知らない仕事だらけ…104
　もともと希望していた業界からの興味を広げる…107
　求めているやりがいは、ほかの仕事でも実現できるかもしれない…109
　企業との出合いは就職サイトだけじゃない…110
　みんなにとっていい会社ではなく、自分にとっていい会社を…115
　企業と出合うほど、自分の好みがもっとわかっていく…118
　社員に惹かれる感覚も、言葉にしてみる…121
　あなたが向き合うのは「企業」という人の集まり…122
　「女性が働きやすい」って何だろう？…125
　働くペースはずっと同じでなくていい…128
　総合職という選択、一般職という選択…130

　café time　不確定な未来も、楽しみながら乗りこなしていこう…134

Chapter 5　乗り越えられる壁しかあなたの前には現れない—136

　不調な時こそ状態を整える…136
　「完璧」よりも「終えること」を優先する…138
　タイムマネジメントのコツ…139
　一度の面接だけで、もう全然だめだと決めつけない…142

今日の後悔・終わった結果の心配よりも、明日の準備…143
意図のある情報にひっぱられない…144
就活中にたくさんの企業に出合っておくのはいいことだらけ…145
今だからこそ、あなたが出合える会社がある…147
最終面接で結果が出なかったとき…148
市場価値と自分の本当の価値は違うもの…150
そして入社後も自分で歩き続けること…社会人2年目の衝撃事件…153

Epilogue　そして今のあなたの姿は…　　　158

あとがき…160
参考にした書籍・資料等について…164

Prologue

「がんばり方がわからない」
という苦しさ

　5月のある暖かい日。
　大学4年生の私。高校は、地元ではそれなりに有名な進学校だった。高校3年生のときは、受験勉強もかなりがんばった。もともと希望していた第1志望には落ちてしまったけれど、この大学に入れたことには満足している。
　大学に入学したばかりの頃は、何をするにも自由で、過ごし方も自分次第という環境に、ちょっと戸惑いを感じた。あんまり器用なほうではないけれど、私なりにアルバイトとサークルを両立させながら、ゼミにもまじめに取り組んできた。
　大学3年生になり、夏になるとインターンシップに参加する友達もいた。意識の高い人たちの動きにはちょっとあせったけど、サークルも幹事学年で、合宿やアルバイトで忙しくしている間に、あっという間に後期になっていた。
　12月になって、ようやく就職活動をはじめた。はっきりと何かをしたいという気持ちはなかったけれど、とりあえず名前を聞いたことがある企業からエント

「がんばり方がわからない」という苦しさ　Prologue

リーした。

　大学からは「中小企業も調べなさい」って言われたけれど、やっぱり大手のほうが安定していそうだなって思っていた。親も安心するだろうし。

　1月からは真っ黒なスーツに袖を通し、髪も黒く染めて、企業のセミナーや説明会に参加するようになった。マイクを持って話す内定者や先輩社員を見て、私もこんな風になれるんだろうかって期待と不安を感じた。

　2月には、エントリーシートと格闘して睡眠不足の毎日が続いた。はじめはなかなか通らなくて落ち込むこともあったけど、なんとか数社の面接に進んだ。もちろん緊張もしたけど、自分では精一杯話したつもりだった。

　でも結果は……全然面接に通らない。「今後のご活躍をお祈りします」と祈られるたびに、胸が苦しくなった。なんとか面接に合格したくて、ネットで役に立ちそうな情報を読みまくったけれど、相手に合わせようとすればするほど、自分が何を言っているのかよくわからなくなっていった。面接官の表情が怖い。

　ゴールデンウィークには内定をもらっているはずだったのに、気づいたらあっという間に5月。そもそも、私は将来何がしたいんだろう？　今日これから行く会社の志望動機だって、無理やり考えただけだし……。ゼミの同期は、この前、信託銀行から内定をもらったって聞いた。キャンパスをスーツで歩いている人も、今までより減ってきた気がする。街は連休で楽しそう。それに比べて私は、今日もまだ真っ黒なスーツで街を歩いている。

　……何で私はうまくいかないの？

　就職活動では、気づいたらこんな迷路に入っているということがあります。
　私はこれまでキャリアアドバイザーとして、たくさんの就職活動中の女の子に会ってきました。彼女たちに会ったとき、きまって第一声は、「就活のがんばり方がわからないんです」という言葉でした。
　たしかに就職活動は受験勉強と違って、「こんなふうに一つひとつこなしてい

くと内定が出ますよ」といったような、ゴールまでのスタンダードな手順はありません。「今のあなたはこんな状態で、○○が得意分野で○○が苦手分野です。今の偏差値だと、この企業であれば合格圏内です。あなたが志望企業に入るためには、○○の分野を伸ばすことが必要です」といったように、はっきりと教えてくれる模試のようなものもありません。こういった基準のない状況は、これまで受験合格のために計画を立ててがんばり、結果を出してきた人ほどストレスに感じてしまうようです。

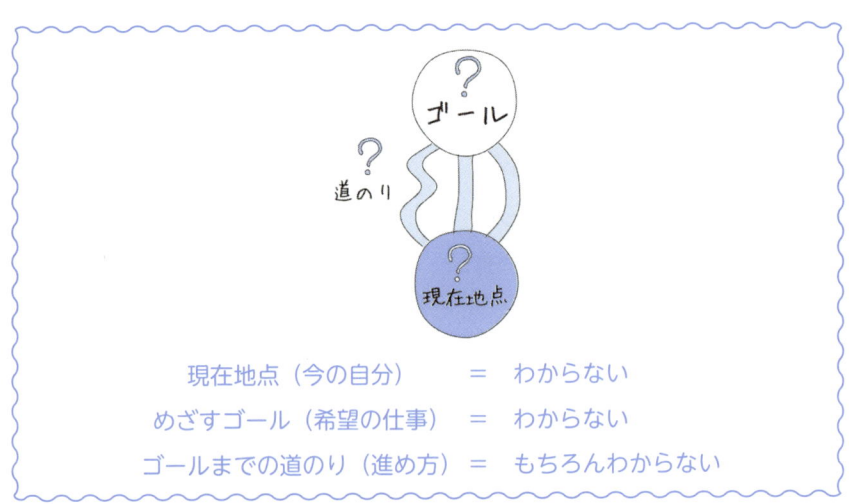

まるで、こんな状態です。あなたもこんな感覚ではありませんか？　この就職活動という迷路からどうすれば抜け出せるのかわからないあなたは、出口の見えない道を、一人孤独にさまよっているような感覚に陥っていることでしょう。

ひょっとしたら、出口の先に広がっている景色も、どんよりと曇っていて楽しくない世界をイメージしているかもしれません。この迷路を抜け出したいような抜け出したくないような。さらに周りの友達との比較や、"既卒"という響きが

「がんばり方がわからない」という苦しさ

プレッシャーになって、「このまま卒業を迎えて、時間切れになってしまったらどうしよう」と、卒業までのタイムリミットがせまることへのあせりも強いようです。

どうしたら出口にたどり着けるのかわからないという不安な気持ちのままで、しかも卒業までに残された時間も気にしながら、就職活動を苦しく続けている人は本当に多いのです。

この本は私がこれまで出会ってきた、たくさんの女の子の就職活動ストーリーが基になっています。一人ひとりが一生懸命で、オリジナルで、才能あふれる、素敵な女の子ばかりです。そんな彼女たちが就職活動というシーンで感じていた、もやもやした想いや不安に寄り添いながら、内定までの道のりを、私は一緒に走ってきました。

霧でおおわれた就職活動の迷宮に入り込んでしまった彼女たちが、悩んだり、迷ったり、つまずいたり、でもまた立ち上がって、自分にとって最もハッピーな出口を見つけたストーリーには、きっとあなたが今立ち向かっている就職活動の迷宮を抜け出すヒントがあるはずです。

さあ、一緒に「あなただけの目的地と地図」を探しにいきましょう。

Chapter 1

ウォーミングアップ
～エンジンの点検をしよう

就職活動を「やらされて」いない？

　さっそく私の就職活動に解決方法を！　とあせる気持ちもあるでしょうが、まあまあそうあわてずに、ちょっと落ち着いて。まずは就職活動に対するあなたの気持ちをメンテナンスしてから、先に進むことにしましょう。

　気持ちよくゴールまで走りきるには、まず走り出せる状態になっているかどうか、丁寧な点検が大切です。私もどちらかというとせっかちなほうなのですが、ちゃんと状態を整えてからのほうが、結局のところは最後まで走りきれますからね。

　まず、あなたに聞きたい質問があります。あなたは何のために就職活動をしているのでしょうか？

ウォーミングアップ〜エンジンの点検をしよう

「そんなの当たり前じゃないですか。就職するためです」という声が聞こえてきそうですね。でもそこからもう一歩踏み込んだところ、じゃあ何のために就職するんだっけ？ ということを考えてみましょう。

> **あなたの就職する目的は？**
> ● 自立した生活をするため
> ● これまでお世話になった人に、社会に出て恩返しをしていくため
> ● 自己成長するため
> ● 社会に自分にしかできない新しい価値をつくっていくため
> ● 新しい人との出会いで刺激を受け、人生を豊かにするため

100人の就活生がいれば、100通りの答えがあるでしょう。あらためて、あなたが何のために就職するのかということをもう一度見つめ直したとき、その目的をイヤイヤではなく、心から望んでいるのか？ という点が大切です。その理由をイメージすると、心がワクワクしていい感じ！ となるとさらにいいですね。

私たちは、自分がやりたくないことを、仕方がなくイヤイヤやっている状態のときには、本来出せるはずの力がまったく発揮されないのです。しかも、あっという間にバッテリー切れしてしまうようにできています。

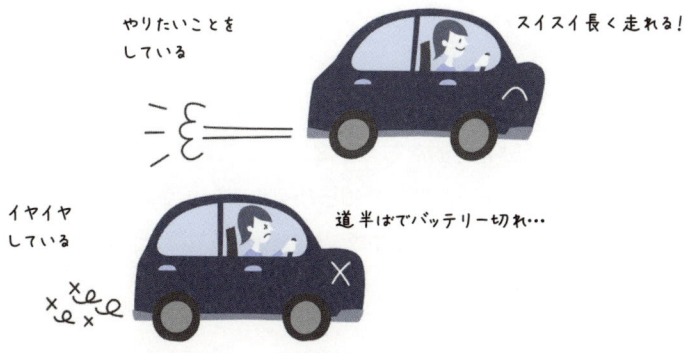

「イヤイヤやっている状態」というのは、たとえば就職活動の動機にあてはめると、「全然働きたくないけど、就職しないわけにもいかないので、とりあえず就職活動をします」というような状態です。なんだか聞いているだけで、気分がどんよりとしてきますね。この状態では、自分からアクションをとっていかなければならない就職活動は辛いものになるでしょう。
　つまり、「就職活動はしたくないけれど、やらなければいけない」と義務感のようなもので進めてしまうと、本来持っているあなたのパワーは、まったく発揮できないということです。それどころか、無意識のうちに、うまくいかないような形で就職活動をしてしまったりすることもあります。無意識で失敗するように……と考えるとゾッとします。面接でも結果が出ないことが続き、人によっては自分を否定された気分になり、ますます就職活動に嫌気がさしてくることでしょう。
　なかには、就職活動をはじめた頃には前向きな気持ちやワクワクできるような目的を持っていたはずなのに、苦戦する毎日が続くうちに、とにかくどこでもいいから内定をもらって、就職活動を終わらせるということが目的になってしまっていたという人もいるでしょう。目標を見失って、毎日の活動が「ただの作業」になってしまうという状態です。
　だからこそ、就職活動スタート時には「自分がワクワクする」という気持ちの状態で出かけていくこと。それから、道の途中でその状態が悪くなっていないか？ ゴールを忘れていないか？　ということを再点検しながら進んでいくことが、とても大切なのです。

　あなたの就職活動の目的をもう一度見直すために、「就職しないと、就活しないと」と固まってしまった頭をやわらかくしましょう。ちょっと極端なところから考えてみましょうか。もしあなたが、卒業後に就職という選択肢を選ばないとしたら、どんなことをしてみたいでしょうか。

ウォーミングアップ〜エンジンの点検をしよう

「お金がない」だとか「時間がかかる」とか「才能がないから」といった、今のあなたの状況や環境はいったんスッキリ忘れて、とにかく自由に発想してみてください。雑誌で、今をときめくアイドルに「この仕事をしていなかったら、何をしていると思いますか？」というインタビューがありますよね。あの感覚で、自分がインタビューを受けているようなつもりで自由に考えてみましょう。

さて、あなたはどんなコトを思い浮かべましたか？

企業に就職しないとしたら、あなたがしたいこと
- イタリアンレストランを開くための修業に、本場イタリアに留学。
- アレルギーのない食物を開発するため、アレルギー研究ができる大学院に進学。
- ハリウッドのメイクアップアーティストをめざし、メイクスクールに入学。
- フリーの写真家になるため、プロの写真家に弟子入り。
- 自分のアイデアを実現するために起業する。

いくつかの例を挙げてみましたが、今のあなたの「就職活動以外の選択肢はない」というワクを取りはずしてみると、あなたのこれからは無限にあることに気がつくはずです。

学校を卒業したら企業に就職をする、という流れはあなたが幸せな生活をするための選択肢のひとつであって、誰かに強制されるものでも、ましてや無理やりにしなくてはいけないことでもありません。そもそも、あなたの人生はあなたが決める、本来とても自由なもののはずです。

たくさんの選択肢の中から、あなたは自分自身の意思で就職という道を選んでいるでしょうか。就職は、あなたの目的をかなえるための手段のひとつです。「自分の意思で就職をすることに決めているのかな？」と、もう一度自分の心に聞いてみましょう。そのうえで、就職することを選ぶにしても、あなたの希望をかな

15

えるための働く場所は企業に限らず、行政機関や団体、工房など、さまざまな可能性があるでしょう。ひとつだけを選ばなければいけないわけでもありません。大学院に通いながら企業で働きはじめる人もいます。発想は、いつも自由に、やわらかくいきましょう。

　今、自分の希望がよくわからなかったり、やりたいことが見つからないあなたも、この本でやりたいことを見つけるためのヒントをたくさん伝えていきますので、ゆっくり読み進めてみてください。自分がやりたいことはなんだろうかと考えながら、自分の気持ちに目を向けたり、行動し続けることをあきらめなければ、自分が望んでいることは、あなたにとってここ！　というタイミングで見つかります。

　また、ここでひとつよくあることは、あなたが迷っていたり、自信がなくて不安な想いが大きかったりするときには、親や学校、友人や彼氏の意見など、周りの意思や環境にあなたの決断は流されやすくなるということです。
　もしあなたが、自分自身ではなく周りの意思によって動いたとしても、あなた自身が心から納得して、周りがすすめる方向に向かうことを望まないと、やっぱりなんだかやる気がおこりません。だって、頭では納得しているつもりでも、あなたの本音は「そこでがんばりたいとは思っていない」のですから。

親と学校に流されて自分の想いが見えなくなっていたモモコさんの話

　自分が本当にやりたいことに向き合ったときに力がぐーんとわいてくる例として、実際にあった、1人の就活生のケースをご紹介します。
　4年生の7月に留学していたフィリピンのNGO団体から日本に帰ってきたモモコさん。とにかくタフで、エネルギッシュで、目標を達成することに

ウォーミングアップ〜エンジンの点検をしよう

こだわる情熱的な女の子でした。初対面でも相手との距離を縮めることが上手で、相手に与える印象も最高に明るい。

でもそんな彼女が、なぜか応募する会社で最終面接まで進むことがありませんでした。たいていの会社で一次面接の段階で落ちてしまいます。報告を聞くたび、私は不思議で仕方がありませんでした。

就職活動を始めた頃、モモコさんが主に受けていた証券会社や保険会社は、モモコさんの通う大学の先輩がよく就職していた業界でした。雑誌にも「金融に強い○○大学！」という評価が書かれているくらいですから、同級生の間でも金融業界をめざすのが当然という空気。

さらに、社会人になっても実家から通ってほしいという家族の意向があったので、モモコさんも勤務地が自宅から通える距離で、転勤のない地域職に応募していたそうです。

しかし、彼女がやりたいことは、実はまったく別のところにありました。

「私は美容についての情報発信がしたいです。その情報をきっかけに、女性が美しくなることで、女性に活力を与えたいんです。女性はいくつになっても美しくなることが嬉しいしパワーになるんだなって、おばあちゃんを見て感じていたし、潜在能力が発揮されるとこんなにスゴイんだってことを私はNGOでの活動でも実感していました」

この想いがハッキリしてから、モモコさんの就職活動は一気に加速しました。就職先も、住んでいた関西にこだわらず、求人が多い東京をはじめ、全国を視野に入れて応募しました。結果的には全国的に知られている大手広告企業に内定。もちろん美容に関する情報を取り扱う仕事です。

後日、面接の状況を聞くと、面接官からの苦しい質問にも最後まで食い下がっている様子がよく伝わってきました。面接の残り時間で、ダメ押しのアピールまで決めてくる勢い。この粘りは、これまでの面接にはなかったものです。

内定が出た企業から通知された最初の勤務地は、それまで住んだことも行ったこともない地方都市でしたが、研修が今からとっても楽しみだと弾んだ声で彼女は話していました。

　就職活動では、周りの環境や家族の価値観や想いが、あなたの選択に大きな影響を与えているかもしれません。時にはその影響が強すぎて、あなたの本当の希望が置いてきぼりになってしまうこともあります。でも就職活動は、まず自分の気持ちに目を向けて、それを最優先してあげましょう。
　あなた自身の気持ちを無視したまま、あなた以外の誰かの意向にそうように進めている就職活動は苦しいし、なんだか楽しくないし、ここぞというときに粘れません。
　そしてなにより、もし気持ちをごまかしたままで企業から内定が出て、そこへ入社したとしても、きっと入社した後に、ストレスや違和感を感じてしまうことでしょう。それでは何のために就職活動をがんばったのかわかりません。就職活動で、本当に自分が求めていることと向き合わないようにするのは、単に自分と向き合うことの先延ばしになっているようなものかもしれません。
　人生は、誰のためのものでもない、あなたのためのものです。そして、本当に自分が望んでいることは何かを考える、絶好のタイミングが就職活動です。あなたが進む方向は、見ばえのよさや周りの人が成功と考えていることに合わせるよりも、自分の気持ちをちゃんと見つめたうえで決めていきましょう。

ウォーミングアップ～エンジンの点検をしよう

 あなたへの質問

あなたは何のために就職するのですか？
もし就職しないとしたら、どんな選択肢を選びますか？
いまめざしている仕事は、本当にあなたが望んでいるものですか？

就職活動は、いろんなスイッチで前向きになれる

「就職することに自分がワクワクしている状態なのか、まずはよく考えましょう」という話をしていると、なかには「そうはいっても……就職はできればしたくないけど、しなくちゃいけないんです。そんな楽しくとか考えられません」という声も聞こえてきそうです。

あなたがこれまで持ってきた概念とか姿勢を、急にがらっと変えるというのは、難しいことかもしれません。気持ちが向かっていないことをごまかしても仕方がないでしょう。でも、ちょっとした考え方次第で、就職や就活は前向きにとらえることができるようになる人もいます。では、どんなふうに考えていけばいいのでしょうか？　いろいろな考え方の中から、いくつかを紹介していきます。

① 大人の女性になっていくプロセスとして楽しむ

社会で働く大人や企業に出合っていく就職活動を通じて、あなたは大人の女性にステップアップしていくことができます。

たとえば見た目。普段の学校生活では、比較的ナチュラルに過ごしている人でも、就職活動をきっかけに身だしなみを意識したり、メイクをするようになります。周りから見た自分をこれまで以上に意識しはじめると、自分の魅力をもっと輝かせることができるようになります。

男性以上に見た目の変化を楽しめるメイクは、女の子の特権でしょう。いつも

メガネをかけている人が、就職活動でコンタクトに変えてみたというだけでも、周りからはかなりの反応があるようです。真っ黒の髪で、ひとつ結びというスタイルだって、応募する仕事次第です。凝り固まる必要はありません。

　「高校デビュー」や「大学デビュー」という言葉もありますが、まさに自分の魅力を活かしながら、職場の仲間やお客様に好感を持たれるような「社会人デビュー」を楽しんでみてはどうでしょう。自分の素材を活かした、新しい自分の魅力に気づくことは、いつも嬉しくて、楽しくて、ワクワクすることです。

　また就職活動で、あなたは社会のいろいろなマナーを知って、相手への心遣いについて勉強していくことでしょう。

　エントリーシートを送るときの郵便や、OB・OG訪問のために先輩にアポイントをとって会い、その後にお礼をするまでの流れ、会社との電話やメールでのやりとりや訪問、面接での目上の人に対する正しい言葉遣い。はじめはぎこちなかったものが、次第にこなれて洗練されていくものです。

　これまでのあなたは、同年代の気の合う仲間と人間関係を築くことが多かったことでしょう。しかし社会に出れば、年代も価値観も違う人たちとも接する機会が一気に増えます。相手が心地よく感じて、信頼を得られるようなふるまいを求められる場が増えます。時と場所に応じて、必要な振る舞いができるようになることはとってもすばらしいことです。

　就職活動を通じた、企業や人との交流の一つひとつが、社会で相手に心配りをし、他の人と気持よく付き合っていくようになるための貴重な練習のステージです。あなたは相手への配慮ができる女性になっていきます。

　見た目も、話し方も、振る舞いも。就職活動を通じて、あなたの持ち味を社会でさらに輝かせて、ステキになっていきましょう。

② 大切な人を守れる自分になるための一歩と考える

　社会の一員として価値を提供できるようになれば、その対価として、あなたはお給料という報酬を手に入れます。自立するためにお給料が必要だという思いに加えて、もう少し先のことまで視点を広げてみましょう。

　これまで家族に育ててもらったあなたは、自立するだけではなく、近い将来、大切な誰かの生活を経済的に支えていくことになるかもしれません。さらに、仕事を通じて、あなたは問題を乗り越えていく考え方や、気持ちの面でも強くなっていきます。そんなあなたの存在は、周りの人たちにとって、心強い支えになるはずです。

　大切なパートナー、親や兄弟の病気や怪我、そのほか、いつどんなピンチや転機がくるかは誰にも予測できないものです。そんなときに、成長したあなたが、精神的にも経済的にも支えになることができたら、それはそれは頼もしいですね。

　将来子供を産みたいな、と思っているなら、あなたはその子供にもいっぱいの愛情と、安心してすごせる家庭環境を用意できる存在になれるでしょう。周りの人を支えるという発想だけでなく、なかには寄付という形で世界の貧困や困っている人たちを支えたい、という人もいるかもしれません。

　社会に出て、これまで「もらう」側から、大切な人に「与えられる」側になった頼もしいあなたの姿を想像してみてください。

　私も、就職活動では将来のパートナーへの妄想が、モチベーションのひとつでした。

　「もし私の大切なパートナーが病気になってしまうことなんかがあったら、『休んでいいよ、私がしっかり働いて支えるから大丈夫だよ』って余裕で言えるような頼もしい自分でいたい。だからその日のために、私は若いうちから思いっきり働いてもっと成長していくんだ！」とそれはそれは大まじめに考えていたのです。

　私がこんな想いを持ったのは、私が生まれる直前まで働き、出産1ヵ月後には

職場に復帰し、そして今も第一線で働いている、強く優しく頼もしい母親の姿を見て育ってきたからかもしれません。

　ちなみに当時、とある名前の知れた会社の面接でこの気持ちと想い（というか壮大な妄想）を勢いよく話した私（なんでそんな流れになったのか……）。その場にいた役員の方は「キミ、『極道の妻たちシリーズ』みたいでたくましいねえ」と大笑い。その一件が大きな影響を与えたかはわかりませんが、内定をいただくことになった会社です。
　私のことはさておき、あなたが誰かのためを思うことでがんばることができるタイプの人ならば、自立や自分の成長よりも、もう少し先の未来を考えると、燃えてくるかもしれません。

③　地球全体の助け合いの一員になることを想像してワクワクする
　私には小学生の頃、社会科の教科書に書かれていた「仕事とは、社会的な分業である」というワンフレーズが衝撃的で、今でも頭にハッキリと残っています。「社会全体で、人々がそれぞれの仕事をして助け合っているのだなあ！　これはすごいぞ！」と、ものすごく感動したものです。
　これまで、あなたは学生として、生活時間の大部分を消費する活動に使ってきたと思います。日頃、あなたがどんな消費活動をしているのかを実感するために、次のような1日をイメージしてみましょう。

　朝、Webでダウンロードしたお気に入りの曲を聴きながら電車に乗り、改札を通り抜け、大学に到着する。講義を受けた後は、カフェで友達とお茶をして、しばしのリラックスタイム。帰りにはスーパーマーケットで野菜やお惣菜を買う。家でテレビを見ながら食事をして、入浴剤を入れたお風呂にのんびり入る。夜もふけてからベッドに入り、朝を迎える。ゴミを出してから、コンビニに寄って買

ウォーミングアップ～エンジンの点検をしよう

ったドリンクを片手に学校へ……。

　さて、ここまでのシーンで消費した商品やサービスにはどんなものがあったでしょうか？　家やインターネット通信、音楽ダウンロード、電車、学校、カフェ、スーパーマーケット、電気、ガス、入浴剤、水道、ゴミ収集、コンビニエンスストア……。普段の何気ない生活には、たくさんの物やサービスを生産する企業や団体がつながり、関わり合っています。
　今、この瞬間だけを切り取っても、その空間にはものすごく大勢の人の力が加わっています。たとえば、今あなたがこの本を、カフェでコーヒーを飲みながら読んでいるとしましょう。その空間をつくっているものにはどんなものがあるでしょうか？
　コーヒーカップとソーサー、コーヒー豆、エスプレッソマシン、コーヒーを入れてくれたスタッフ、座っているテーブルにソファ、照明、ペーパーナプキン、トレイ、カフェのメニュー、内装……。一つひとつ見回してみると、誰か一人の力だけでは、今この瞬間にあるものを取りそろえることは到底できないことに気がつきます。

これまであなたが消費する立場として受け取ってきた商品やサービスには、実はたくさんの人たちの過去からの想いや時間、努力や愛が、これでもかというくらい、ぎゅっと詰まっています。それは、国境も簡単に越えてしまいます。
　コーヒー豆は大家族を支える働き者のお母さんがブラジルの農園で摘んだ豆かも。エスプレッソマシンはより香りや美味しさをとことん追求した、とっておきの開発秘話が詰まっているイタリア製だったりして。地球全体がつながって、あなたの生活のワンシーンを用意してくれているのです。想像するほど、なんだか不思議な、でも温かくハッピーなつながりです。

　これからは、あなたも社会のつながりの輪の一員となって、この世界のどこかにいる誰かの生活シーンを支えていくことになります。いよいよ、あなたが受け取ってきたものを、社会に還元していく新しいストーリーが始まるのです。
　あなたの才能が、地球上でオンリーワンの大切な役割として発揮される場所が必ずあります。もちろん企業に所属することが全てではないけれど、企業という環境を利用することで、あなたの作り出す価値が、まだ出会ったことのない誰か、直接顔を合わせることのない遠くや未来の誰かに、届きやすくなるということはあるかもしれません。
　あなたが周りの人に与えていた幸せを、これからはもっと広く、社会全体に与えられる。そう考えると、なんだか楽しくなりませんか？　今はまだ答えが見つからなくても、自分の才能が輝く環境に出合うまでの道のりだと思って、これまで見ていた仕事以外にも期待をもって目を向けてみましょう。

その才能をどんどん外へ発揮していくことになったサキエさんの話

　高校時代から大好きな美術の道に進み、美大生として毎日つなぎを着て、ガラス工芸の創作活動に燃えてきたサキエさん。もともと、絵を描いたり、

ウォーミングアップ〜エンジンの点検をしよう

ものをつくったりするのが大好きで、とくに趣味でつくっていた300作品を超える「消しゴムハンコ」は、いつもお友達に喜ばれていました。

大学生になりファストフード店でのアルバイトを始めてからは、働いていた店舗内のディスプレイを任されるようになりました。色画用紙を使って、季節ごとに変わるディスプレイをつくっているうちに、働いている店舗とは別の店舗のディスプレイまでお願いされるようになっていました。

創作活動をする一方で、友達と毎年出店しているフリーマーケットでは、子供連れの家族に立ち寄ってもらうためにヨーヨー釣りを企画するなど、毎年売り上げをあげるために戦略を立てることにも熱心だったサキエさん。

就職活動ではホームセンターや陶器メーカーを訪問しながら、商品の企画に挑戦してみたい、バイヤーもいいな、でも店頭にも立ちたいなぁ……と自分の活躍できる仕事を探していました。

そんなサキエさんが最終的に就職を決めた先は、若い女性に人気の雑貨店を経営している会社でした。入社後は店長候補として、まずは店頭で働くことになります。食器や衣料品、文具などたくさんのジャンルの雑貨を扱っている大型店なので、それぞれのエリアごとにレイアウトやディスプレイを考えたり、またお店としての集客のイベントを手がけていく可能性も広がっています。

友達から、アルバイト先の店舗を訪れるお客様に、そしてこれからは、社員としてお店に訪れるさらに多くのお客様に、彼女のアイデアが発揮されていく。どんどんサキエさんが影響できる世界が広がっていきます。

これまで挙げてきたように、就職に対して「私は○○を目指して就職する！」というはっきりとした目標がまだ見つからないときも、「まずはめざすものを探すための就職活動にしようかな」とか、「こんなふうにとらえると、就職活動を進めるのが楽しいかもね」といったあなたの心にスイッチが入るちょっとした理

由を持ってみましょう。

　就職活動に対する気持ちをワクワクしている状態に整えてから、勢いよくエンジンをかけて進んでいく。そうやって楽しい状態で進んだ先に、自分がこれだー！と望むものへの出合いがきっとあります。

　今のあなたが、自分のマイナスな気持ちにフタをして、ちょっと無理やり動いているかも……と感じたら、まずは立ち止まって姿勢を立て直すことです。

就職活動はとことん明るい未来を考えていい

　今、日本の企業に、新卒の学生をある時期に集中して採用するという文化がまだまだ根強いなら、それをチャンスとして有効に使おう！　という考え方があってもいいはずです。

　同じ企業の採用活動でも、今のあなたのように学校を卒業してはじめて企業に入社する人を採用する「新卒採用」と、ほかの企業から転職する人を採用する「中途採用」では、人材を判断するポイントや、求められることがかなり違います。

　たとえば、企業をひとつのサッカーチームと考え、新卒採用と中途採用の違いをイメージしてみましょう。この場合の採用活動は、強いチームをつくるためのメンバーのスカウト活動となります。

　まず、新卒採用は、ほとんどサッカーをしたことがない人を、将来のエース候補としてスカウトする活動です。

　サッカーをしたことがない人に、過去の試合成績やどれだけシュートを決められるのかということを聞くことはできませんから、「『これから』本当にサッカーをしていきたいと思っているのか？　そのためにどのくらいがんばれるのか？」という将来のことが最も大きな注目ポイントとなります。そのうえで、どのくらいサッカーの技術が上達するのか、サッカーに向いているのかというポテンシャルの部分を、採用側がこれまでの経験から確認していきます。

　新卒採用とは対照的に、これまで現役のサッカー選手として活躍し、試合経験

ウォーミングアップ〜エンジンの点検をしよう

がある人をスカウトする活動が中途採用です。

　会社は、すぐに試合に出て点を決めたり、シュートを防ぐことができる即戦力を探していますので、過去どんなチームにいて、試合成績はどのくらいだったかという「『これまで』どんな仕事をしてきて、今何ができるのか」という過去、つまり実績に注目します。

　未来に注目する新卒採用と、過去に注目する中途採用という大きな違いがあるわけです。さらにそのほかのことも比較していくと、違いがハッキリわかってくると思います。

新卒採用と中途採用の比較

	新卒採用	中途採用
採用の目的	育成候補	即戦力
企業側の採用基準	これから何がしたいか？ （将来のビジョン）	どのような経験・実績があるか？ （これまでの専門性や実績）
応募者側の選択基準	自分のやりたいことや 会社への興味	給与や勤務体系などの条件 （前職との比較が基本）
採用方法	一括採用が多い 同期がいる	不足したポジションへの採用 多くは1人で入社
キャリアプラン	ローテーションで 様々な仕事をする	専門性を活かした 仕事をしていく
就職活動	企業側からの情報発信が多く 先輩社員の話がききやすい	企業側の情報発信が少ない 働いている人に接する機会はあまりない
育成手法	社会人としての 基礎から教える	仕事に直結する 知識を教えられるのが多い

　新卒採用はゴールドパスポートと表現されることもあります。過去にとらわれ

ずに未来を自由に選んでチャレンジしやすい環境が整っているのは、新卒ならではの、かなり嬉しい特権です。

キャリアの3つの輪

　企業が新卒採用者に求めていることがわかってきたところで、私たちは、どんな考え方で仕事を選んでいくのがいいんだろう？　という話にも触れておきましょう。

　自分に合った企業や仕事を考えるためには、まず「やりたいこと」「できること」「必要とされること」という3つの領域とその関係を理解することからはじめるのがおすすめです。まずはそれぞれの領域の意味について確認していきます。

> ●**やりたいこと（WILL）**
> <u>自分にとって興味があること、モチベーションが上がること</u>
> あなたにとって興味があることや情熱を注げることなど、心が喜ぶことがこの分野にあたります。
>
> ●**できること（CAN）**
> <u>得意なこと、対人関係や仕事で発揮できるあなたの強みや持ち味</u>
> 就職活動の場合は、はじめから直接的な仕事の経験や知識である必要はありません。仕事に活かせそうな経験、強み、行動姿勢やあなたの成功パターンがこの分野にあたります。そのほか学校で仕事に関連した研究や勉強をした人は、仕事のベースとなる具体的な知識や技術もここに含まれることがあります。
>
> ●**求められること（MUST）**
> <u>会社から求められること、やるべきこと</u>
> 社会や会社、お客様から価値が認められていること、求められていることや、やるべきことという分野です。

ウォーミングアップ〜エンジンの点検をしよう Chapter 1

　次に、この3つをそれぞれ1つの輪としてとらえます。この3つの輪が重なりあう領域を探していくと、充実したキャリアや適職が見つかりやすいといわれています。もちろん、就職活動にも有効です。

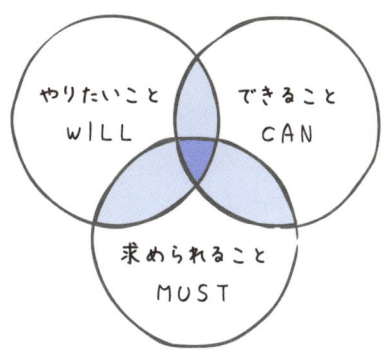

　では、なぜこの3つの領域が重なっているとよいのか？　もしこの3つのうち、いずれかのポイントが満たされていないと、いったいどうなるのかを考えてみましょう。

　まず、「できること」を考えずに「やりたいこと」だけで仕事を選んだ場合。たとえば、大ざっぱな人がとても正確さを求められる仕事をするような状況では、仕事でミスが増えたり、同じ仕事をするにも人より時間がかかってしまったりする状態になるかもしれません。その結果、最初は興味を持ってできていたことも、やがては苦しくなってしまいます。

　また、本当に自分が「やりたいこと」を考えずに、たとえば専門的な資格をもっているからという理由だけで、自分の能力が発揮できそうな「できること」から仕事を選んだ場合。仕事が大変になったときにやる気を保って仕事を継続することは難しくなるでしょう。また、他の人と同じ時間仕事をしていてもモチベーションが上がらず、結果的に成長するスピードが鈍ってくることがあるかもしれません。

最後に、「やりたいこと」かつ「できること」であっても、その仕事がそのときの社会や企業で「求められること」でなかった場合、あなたがその場で仕事をして持ち味を発揮する機会や、自分が提供しただけの価値にふさわしい対価を得ることが難しくなってしまいます。

　このように、この３つの輪はあなたがやりがいを持ち、才能を活かして、社会やお客様に求められる仕事を選ぶために、どれも欠かすことのできない要素です。
　この３つの輪の話は、キャリアを選ぶうえで広く知られている考え方です。この考え方を意識してみると、就職活動でもエントリーシートや面接で、あなたにとっての「やりたいこと」「できること」「求められること」について、各社がいろいろな質問であなたに確認をしていることがわかるはずです。
　就職活動に苦戦している人は、キャリアを考えるための３つの輪のいずれかの領域についての理解があいまいだったり、大きく欠けていたりすることがとても多いのです。今まであなたが意識していなかったポイントがないか、点検してみてください。
　私もこれまでの仕事で、この３つの輪がぴったり合っている実感をもったことがあります。採用担当として勤めていた１社目の会社でのことです。当時の私は採用シーズンともなれば毎日のように合同説明会に出かけていました。合同説明会でブースを構えている時間は、長い時では８時間くらいになります。説明を担当するのは私一人だけ。１回につき30分間、会社についての説明を、休みなく16回繰り返します。お昼時に一度だけ、ブースの裏で、ゼリー飲料を飲んで10秒チャージ。手伝いに来てくれていた先輩たちには心配され、「少しは休め！」と半分怒られましたが、当の本人は全然平気なわけです。それどころか、時間が経つほどに、だんだん調子がよくなってくる感覚さえありました。
　採用活動にはほかにもいろいろ大変な仕事がありましたが、この瞬間こそ、私にとっては典型的な「やりたいこと（会社の良さを伝える）」×「できること（大

ウォーミングアップ〜エンジンの点検をしよう

勢の前でのプレゼン)」×「求められること(限られた機会で1人でも多くの学生に興味を持ってエントリーしてもらう)」だったわけです。

あなたの「やりたいこと」「できること」。そして社会や企業から「求められること」。自己分析でも、会社研究でも、常に頭にはこの3つの輪のイメージをもって仕事探しをしていきましょう。

 あなたへの質問

やりたいこと・できること・求められることの中で
抜けていた視点はありませんか?

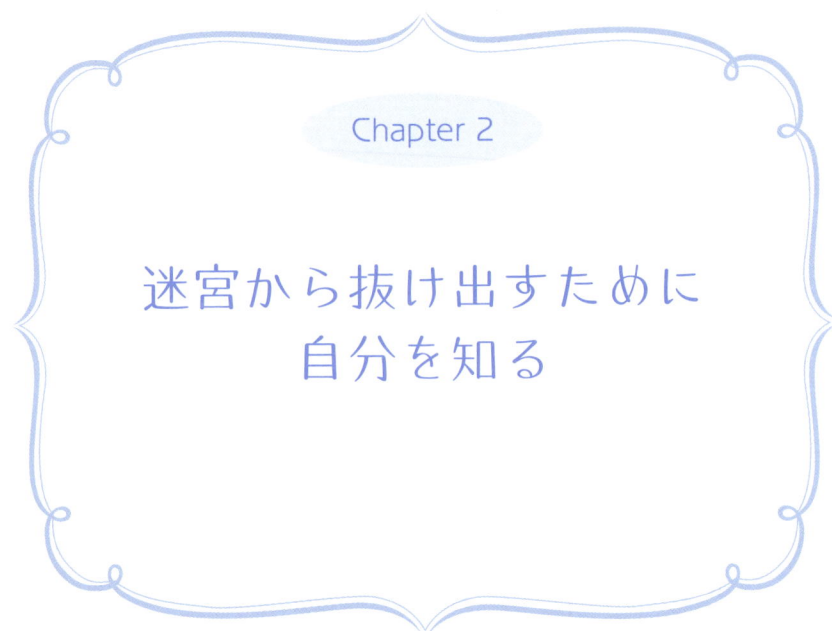

Chapter 2

迷宮から抜け出すために
自分を知る

　さて、そろそろあなたの就職活動のとらえ方は、楽しく変わってきたでしょうか。エンジンがよい状態に切り替わり、いい具合に暖まってきたところで、ここからがいよいよ本題です。
　あなたが「就職活動がうまくいかない」とか、「うまくいっていないかも…」と感じている原因＝あなたの壁をチェックしていきましょう。
　「就職活動でぶつかる典型的な壁」のチェックリストから、あなたがあてはまるものを選んでみてください。7つの壁にぶつかっているときに出てくる、それぞれの代表的な症状もいくつか挙げておきました。

迷宮から抜け出すために自分を知る  Chapter 2

「就職活動でぶつかる典型的な壁」チェックリスト

 志望動機がよくわからない
　・受けたい会社がない人　・志望動機を考えるのがとにかく苦手な人
　・説明会や面接でも質問が思い浮かばない人　　　　　　　　　　　など

 会社選びの軸があいまい
　・「自分にとって身近なもの」「女性の働きやすい職場」「人と接する仕事」
　　が会社選びのポイントだと思っている人　　　　　　　　　　　　　など

 自分のアピールに自信がない
　・自己PRで話すエピソードに自信がなく、本当とは違うことを話している人
　・自分はリーダーではなくサポート役だと思っている人
　・向上心をアピールしている人　　　　　　　　　　　　　　　　　など

 将来のビジョンがイメージできない
　・営業が苦手なので、事務職を目指している人
　・「周りに頼られ仕事を任せてもらえるようになりたい」と思っている人
　　　　　　　　　　　　　　　　　　　　　　　　　　　　　　　　など

 面接でとにかく緊張する
　・面接で聞かれたことや答えたことをあまり覚えていない人
　・集団面接で、周りの人が話していることと比べて落ち込んでしまう人
　　　　　　　　　　　　　　　　　　　　　　　　　　　　　　　　など

 一次面接を通過できない
　・自分の言いたいことをうまく伝えられていないような気がする人
　・「周りからどんな人と思われていますか？」という質問が苦手な人　など

 二次面接以降が通過できず、最終面接でも不合格が続く
　・面接官と楽しく話せたのに不合格になる人
　・自分の目指す仕事で大変なことや持つべき姿勢があいまいな人
　・自分が働く意味とは？　など考え方を問われる質問が苦手な人　　　など

さて、どれかあてはまるものはありましたか？　心当たりのある項目があなたの壁になっているところ、迷路から脱出するカギになるところです。

　これから、7つの壁ができてしまう原因と、その対策を説明していきますので、あなた自身が直面している壁を乗り越えるためのアプローチ方法をつかんでください。

　大切なことは、とにかくあせって、ノウハウや知識を頭の中に詰め込むことではありません。アプローチ方法がつかめたら、自分にあてはめてよく考えたり、行動を起こしてみることが、あなたの状況をよくしていくことにつながります。

志望動機がよくわからない　原因はなに？

　履歴書やエントリーシート、そして面接でも求められる志望動機。この志望動機がわからないというのは、自分が望むことや、やりたいことがはっきりしていないので、その会社に応募する理由を言葉にできないということです。

　「この会社に応募したい気持ちはあるけれど、志望動機がわからない」という人だけでなく、なかには「応募したい会社が見つからないので、無理やり志望動機を考えている」という人もいるでしょう。

　自分の意思で受けている会社なのに、一体どうして？　と傍（はた）から見ている人は感じるかもしれません。しかし、インターネットをちょっと検索すると、過去の内定者が書いた志望動機に関するデータなどが、たくさん見つかるはずです。それほど情報を求める人が多く、実際に苦しんでいる人が多いのが志望動機なのです。

　Chapter 1で、やりたいこと・できること・求められることという3つの輪を意識しましょうと伝えたように、志望動機には、あなたの興味（やりたいこと）だけではなく、会社や仕事にあなたの力がどう活かせるか（できること・必要と

されること）という視点も持ったうえで伝えられるほうがいいです。しかし、そもそもそれ以前の問題として、応募する会社について興味を持っていることが何なのかということさえも伝えられなければ、あなたも面接官も、何のために選考の場に臨んでいるのかわかりません。

応募する会社のパンフレットや先輩社員の話、また時には過去の内定者の志望動機を参考に、その場しのぎの志望動機を用意して面接に臨んでも、そこにあなたの想いがなければ、突っ込まれるほどぼんやりとした回答となり、結局は面接官に伝わらなかったなぁ……という感覚が残るだけで、自分の気持ちにどんどん自信がなくなっていきます。

これは恋愛にたとえると、まだ自分が好きかどうかもわからないない人にラブレターを書いたり、告白している状態に近いものがあります。自分の想いがあれば、つたない文章であっても、言葉であっても、なんとかとにかく好きという気持ちだけは伝えようというエネルギーがわいてきます。相手に「本当に？」と疑われたところで、「いやー、実はそんなに付き合いたいわけでもないかも……」と自信がなくなることはありません。

つまり、志望動機がわからないし、伝えたいというエネルギーもわからない状態だとすれば、あなたが望んでいること、興味があることが何なのか？　ということへの理解不足が原因として考えられるでしょう。

対策 ➡ あなたのたくさんの「好き」をヒントにする

よほど自分の夢が明確だったり、早くからその会社について熱心に調べていたり、インターンシップで仕事を経験していない限り、志望動機を就職活動の序盤からものすごく具体的に語れる人はいません。

『ノルウェイの森』（講談社）や『IQ84』（新潮社）などで知られる世界的な作家の村上春樹氏は、作家になる前はバーで店主をしていたそうですが、神宮球場

でヤクルト対広島の試合の観戦中、バッターが二塁打を打った瞬間に突然"小説を書ける"とひらめいたそうです。このように、突然自分の使命がひらめく（というよりも降ってくる？）という人はまれでしょう。

だから、もしあなたが今どんな仕事をしたいのか、あいまいな状態でも「私にはやりたいことなんてないのかも……」と、あきらめたりしないでください。あなたの興味を持てることのヒントは、あなたがこれまで過ごしてきたおよそ20年間の中に、宝物のように詰まっているのです。

あなたは、これまでのことを少し忘れているだけです。「好き」「夢中だった」「熱中した」「がんばれた」というキーワードが、やがてあなたの興味のカギになってきます。

では、あなたの興味を丁寧に拾い出していきましょう。

子供の頃になりたかった職業の意外な共通点

あなたが子供の頃になりたかった職業は何ですか？　どんなことに惹かれてその職業に憧れたのでしょうか？　あなたが自由に夢見ていた職業を思い出してみましょう。

小学生までの子供を対象にした「将来なりたい職業」のアンケートでは、男の子はサッカー選手や野球選手、女の子は食べ物屋さんや先生が上位になっているようです。もう、とうの昔に諦めた職業だったとしても、なんの制限も否定もなく「○○になりたい！」と夢見ていたときに持っていた気持ちには、あなたが興味を持つことのヒントがあります。

> **叔母さんがいつも世界のトレンドを運んでくれたリエさんの話**

都内の私立大学に通い、英会話と情報ネットワークを勉強していたリエさん。はじめて会ったときは、アパレルブランドやインターネット関係の企業

に興味があるものの、それはなぜ？　という理由が自分でもぼんやりしていてとにかくエントリーシートを書くのにひと苦労、という状況でした。

　そこで、まずはリエさんが昔なりたかった職業を振り返ることにしました。すると、幼稚園の頃はキャビンアテンダントになりたかったということを思い出したリエさん。それは当時、キャビンアテンダントとして世界各地を飛び回って、いつも海外の珍しいものや、流行りのものをお土産に叔母さんが家に遊びに来てくれるのが楽しみで、憧れたことがきっかけだったようです。

　今も変わらず「世界中の流行や最新の情報に触れる」ことへの興味があることに気づいたリエさん。その興味の軸をさらに考えてみると、アパレルの中でも特に海外ブランドを取り扱うブランドや、インターネット関係でも、ニュースや情報を発信しているインターネットメディアの企業に興味が強いことがわかってきました。それだけではなく、世界のものを日本に輸入することにも興味がわいてきて、商社にも興味を広げていきました。

　あなたの夢は、これまであなたを取り巻いてきた世界で見たもの、感じたことから影響を受けています。あなたがすっかり忘れていたり、どこかであきらめたりした、幼い頃の夢見る楽しい気持ちも、そのうちの１つ。それを今もう一度思い出して、またかなえていくチャンスが、今この就職活動には転がっているかもしれません。

あなたへの質問

あなたがこれまでなりたかった職業、憧れた職業は何ですか？
なぜその職業になりたかったのでしょうか？
今、その職業をめざしていないとしたらなぜですか？
これから仕事でどんな想いがかなえられるといいですか？

あなたがハマったことは？

　なりたい職業とか夢とか、もともとあまり考えたことがなかったんです…というあなたは、昔ハマっていた遊びや趣味に目を向けてみましょう。高校生、中学生、小学生、幼稚園や保育園児……と、幼い頃へと順番にさかのぼって、好きだったことを思い出してみてください。

　絵を描くこと、本を読むこと、歴史の勉強、英語、スイミング、工作、化学…なかなか思い出せないのであれば、親や兄弟に聞いてみるのもいいでしょう。「あの時、生き物とか植物の図鑑が大好きで、何時間でも読んでいたね」なんて、自分よりもよく覚えていてくれることがありますから。

　本が好き＝作家になる・編集者になる、とか、写真が好き＝写真家になるとか、直接的な結びつけをするためではありません。どんなところが、なぜ好きだったのか？　ということまで考えていくと、仕事にも結びつくヒントが見つかってくるからです。同じことに興味を持っている二人がいたとしても、「なぜ好きか？」ということまで考えると、理由が違うことがよくあります。だからこそ、「なぜ好きなのか？」と深めることで、自分が興味を持つことがくわしくわかるのです。

「好き」のヒントはあなたの20年間にある!!

> **お菓子作りが趣味の
> ミナコさんとシホさんの話**

　同じ"お菓子づくり"が趣味で食品メーカーを目指していた、ミナコさんとシホさん。でもそれぞれ、「お菓子が好き！」という軸だけでいいのか、もっと仕事に結びつけて考えたいけれど、どうすればいいのか……という、同じようなもやもやを感じていました。

　そこで、それぞれお菓子づくりが好きな理由をもう少し深く考えていったところ、それぞれの好きなポイントが具体的になってきました。ミナコさんは、正確に材料を計ってだんだんとお菓子が完成していくプロセスが好き。とにかく細かくつくりこんでいく。材料の分量を変えたりして味に変化をつけることも追求しています。一方のシホさんは、お菓子作りのプロセスよりも、出来上がったものを友達や家族が喜んで食べてくれる顔を見るのが好き。いろいろなお菓子を振る舞ったり、夜遅くに帰ってきたお兄さんのリクエストにも応えるため、ちょっとしたおやつをつくることも楽しんでいます。

　正確さや、物ができあがっていくプロセスが好きだということを改めて実感したミナコさんは、食品に限らず他のメーカーにも興味が広がり、納期に合わせて生産を調整していく生産管理の仕事を中心にめざしていくことになりました。

　またシホさんのほうは、はじめは食品メーカーで営業職につくことを考えていましたが、それよりも、直接商品を届け、お客様と会話ができるところで商品を提供したい！　と、現場に関わることができる小売店での販売の仕事に目を向けていくようになりました。

　こんなふうにハマっていたことや趣味については「なぜその趣味が好きなの？」と考えてみましょう。それは、あなたの興味を持てる仕事ややりたいことがわか

るヒントになるかもしれません。

あなたへの質問

あなたがハマっていたこと・趣味はなんですか？
どんなところが好きだと感じているのでしょうか？
どんな仕事なら、好きなポイントを満たせそうですか？

中学校時代からさかのぼって見つけるモチベーションのスイッチ

　次は、学生生活であなたがこれまで一生懸命になったことを振り返ってみましょう。時間も忘れて夢中になったこと、今でも当時の仲間と集まれば話題にのぼるようなこと、悩み苦しんだけれど、今となっては思い出深いこと……日常生活であえて考えることはなくても、時間をとって振り返ると、きっと思い出すことがあるはずです。
　あなたが一生懸命になれたことには、きっとあなたのモチベーションが上がる、やる気が出るスイッチがあったはずです。

あなたが夢中になれた理由はどこに？
- チーム全員にそれぞれの役割があって、機能することの楽しさ
- 明確な目標を達成し、記録を更新することへのこだわり
- レベルの高い組織で周りの足をひっぱれないというプレッシャー
- 自分がこのチームを改革しなくてはという責任感
- 成長することの楽しさを人に伝えたいという想い

　中学時代、高校時代、大学時代と、夢中だったことをたくさん思い出してみる

と、そこにはきっと何かの共通点が見つかるはずです。あなたを夢中にさせる状況や気持ち、対象は、一体どういうときなのか理解しましょう。

この理解を深めるためには、「なんであの時、一生懸命になれたんだろう？」→「それはみんながいたから」→「なんでみんながいたからがんばれたんだろう？」→「みんなに追いつこうと思ったから」…と、「なんで」を最低でも3回は繰り返してみることです。職場環境や仕事にも共通する、あなたの興味や、やる気が出るスイッチがわかってきます。

周りの人への憧れがモチベーションだったユリさんの話

4年生の4月。「大手企業の一般職に応募しているのですが、なんだかうまく話せません。他の応募者と差をつけるために女性としての美しい立ち居振る舞いやマナーを教えてください！」というリクエストでお会いしたユリさん。

彼女には、どうしても大手企業に入り、社内でサポートする立場で働きたいという想いがありました。「きっと私、いわゆる大手病なんですよね」と苦笑いしながら話していたユリさんは、本音の志望動機は話せないと思っていました。そのせいもあって、自分の気持ちを否定しながら、「優等生的な答え」を選んで面接を受けているようでした。

そこで、まずはマナーやテクニックをマスターすることを一旦おいておくことにして、ユリさんがこれまで夢中になっていた出来事をさかのぼっていきました。すると、そこにはアルバイトでも、サークルでも「周りの人たちを常に尊敬し、最大限その人たちの役に立ちたいという想いで、みんながやりたがらない面倒な仕事や手間がかかる仕事も自分から引き受ける」というユリさんの一貫したスタイルがありました。彼女のモチベーションの源は、仲間への強い憧れの気持ちだったのです。

ユリさんが就職活動で、これまでのような憧れの気持ちを持つことができたのは、業界トップ企業で大きなプロジェクトに携わって活躍する先輩社員たちの姿だったようです。だからこそ、大手企業を志していたわけです。それがはっきりしてからのユリさんは、「ただ有名大手企業に行きたいだけなんだ」と思っていたこれまでと違って、「業界を牽引する企業の一員になって、フロントを走る社員をバックから支えたい！」という想いを新たにし、面接でも自分のやりがいを心から話せるようになりました。
　そんな彼女は、今では金融業界のトップ企業のスタッフ職として活躍しています。結局のところ、自分のモチベーションをちゃんと理解して、それを伝えられさえすれば、特別なテクニックは必要なかったわけです。

　あなたが一生懸命になれたことには、モチベーションが高まるポイントがあったはずです。そのポイントが何だったのかということがわかれば、仕事でも同じ要素があるかどうか照らし合わせていくことができるようになります。
　一生懸命になれるポイントが応募する会社や仕事にあることがわかれば、そのポイントが自分も面接官も納得できる志望動機のひとつになるのです。

あなたへの質問

あなたが中学時代に一生懸命になったことはなんですか？
なぜそこまでがんばれたのでしょうか？
あなたが高校時代に一生懸命になったことはなんですか？
なぜそこまでがんばれたのでしょうか？
あなたが大学時代に一生懸命になったことはなんですか？
なぜそこまでがんばれたのでしょうか？
↓

> 共通するポイントはありますか?
> そのモチベーションのポイントは、どんな職場環境でかなえられそうですか?

会社選びの軸があいまい。 原因はなに?

「会社選びの軸はなんですか?」という質問に対する答えがあいまいなのは、あなたが自分の価値観を、はっきりとつかんでいないからです。

価値観とは、そのまま「あなたが価値を感じるもの」ということで、何かを選ぶ基準だったり、あなたが優先することや大切にしていることです。

私にとって大切なことは何か? という価値観を理解していくと、自分が会社を選ぶ基準になっている価値観もわかってきます。

逆に価値観がわかっていないと、たとえば「お休みが取れる」とか、「残業が多くない」といった、働くことに関して消極的な視点だけで会社を選んでしまいがちです。それ以外にも、「研修」や「産休・育休後の職場復帰」といったような会社が用意してくれる制度にばかり目がいってしまいます。

実際に、会社選びの軸があいまいなままで就職活動に苦戦している人は、説明会でも面接でも、会社に対して「御社の研修制度について教えてください」とか、「産休や育休は、しっかりとれますか」、「休日出勤はありますか」といったような質問ばかりになってしまいます。

もちろん、幸せに生活をしていくために、福利厚生などの自分にとってのメリットも大切です。しかし、就職すると、あなたは、1日24時間のうち8時間からそれ以上、つまり少なくとも1日の3分の1以上を仕事に費やすことになるわけです。それを考えたとき、企業の福利厚生や研修制度、また安定といったようなメリットだけで仕事を選んで、十分といえるでしょうか?

同じ時間を費やすなら仕事の時間が終わることをただただ待ち望むより、仕事場でも自分らしくいられて、自分の持ち味を発揮して、やりがいを感じたほうがいいですよね。そう考えれば、会社選びにももっといろいろな、あなたなりの基準が出てくるはずです。たとえば、企業の商品・サービスの特徴、お客様に提供できる価値、仕事の進め方など、こだわりどころはたくさんあります。

　Chapter 1で、採用活動をサッカーチームのスカウトに置き換えて説明しましたが、会社選びの軸をサッカーへの想いと考えるとわかりやすくなります。これまでの経験がないからこそ、スカウトマンである面接官としては、あなたからサッカーをやりたいという気持ちが伝わってこなければ不安に感じるはずです。つまり、サッカーをやりたいという気持ちがハッキリ伝わってくることを期待しているのです。

　たとえばあなたの選ぶ基準が「しっかり育成してくれる」とか、「チームで活動したい」といったことだけならば、それはサッカーでも野球でも、バレーボールでもいいわけですよね、となってしまいます。ひょっとしたら、そもそもスポーツじゃなくて、バンド活動でもいいよね？　となってしまうかもしれません。まさかと思うかもしれませんが、実際はこんな状態の受け答えをしている人が、面接ではあふれているのです。

　あなたの会社選びの軸があいまいだったり、どちらかというと「働くことに消極的なメリット」が会社選びのポイントになっているなあと思ったら、そこにはあなたの価値観をもう少し理解していく余地があるのかもというサインです。

対策 ➡ あなたが興味を持った、選んできたことの共通点を探る

　フルタイムで働く会社や仕事を選ぶのは初めてかもしれませんが、あなたの人生は、これまでも無数の選択の連続だったはずです。無数の選択を続けてきた結

果が、今日のこの1日につながっています。いつもあなたは何かを選び、何かを選ばないということを繰り返しているのです。

今日はどのランチメニューにしようか……というちょっとしたチョイスから、部活動やサークル、アルバイトといった環境選び、そして人生の中でも大きな決断には、特にあなたの価値観や興味が色濃く反映されています。

メニューを選ぶときでも、変わったものや新しいものに惹かれて選ぶ人と、必ず定番メニューを選ぶ人がいるでしょう。環境を選ぶときも、とにかく忙しく刺激的な環境を選ぶ人もいれば、のんびり落ち着いた環境を選ぶ人もいます。

あなたの、これまでの選択理由を振り返ることで、「あなた基準」を理解していくことにしましょう。そのときの気持ちを思い出してみることで、共通した興味や大切にしていることに、気がつくことができるかもしれません。

どちらかというと論理的に考えるより、直感で「いいな」と思ったものを選んでいる人も、選んだ理由を言葉にしていくことに挑戦してみましょう。

選択の理由にもあなたらしさがある

面接で、企業に対する志望動機をいっさい聞かずに「なぜこの大学を選んだのですか？　なぜこの学部に？　なぜこのサークルに？」といった過去の選択について聞いていく企業があります。

就職活動で、過去の選択理由を聞かれる意味がわかっている人は意外と少なく、その場で思いついたことを、何も意識することなく答えてしまうことが多いです。しかし、実はあなたの過去の選択理由から、あなたの興味や価値観、そして会社選びの基準までもが透けて見えてくるのです。

逆に、その場に合わせて、ちょっと無理やりつくってきた企業の志望動機を聞くよりも、過去の選択を聞いたほうが、よっぽどこの会社に来た本音の理由がわかりやすいこともあります。

大学進学を例に挙げても、「○○分野に興味があった」とか「幅広い分野を学

習できる環境がよかった」「偏差値の高いところに挑戦した」「目新しさに魅かれた」「人とは違うことがしたかった」など、選ぶときの想いはさまざまです。

　あなたが高校から内部進学をしたのだとしても、進む学部を選んだはずです。高校や大学、ゼミに部活動、サークル、アルバイト……、判断・行動するときに重要視してきたことには、何か一貫性がないでしょうか？　自分だけの視点では一貫性が感じられないときに、人に話してみると、意外な一貫性が見つかることもあります。

　過去の選択基準を振り返ったときに、企業を選ぶ基準とあまり関係がないかなと思うことも、もう少し視点を上げてみると、働く環境やどんな価値を提供するビジネスなのか、会社の規模、仕事の進め方などに意外な共通点が見えてくることがあります。

> **いつも周りと違っていることが大切だったアヤさんの話**

　数社の面接を受けてみて、「なぜこの会社を選んだのかという基準がはっ

きりと話せなくて、伝えきったという感覚がいつも持てないんです」と、すっかり行きづまっていたアヤさん。流通や小売業界を受けていますが、その中でもなぜこの会社？ と問われると、不思議と「うーん、わかりません」という状態でした。

　そこで、会社の志望動機を一社一社考えることからいったん離れて、これまでのアヤさんについて振り返ってみました。すると、小学校の頃には周りの女の子と同じ赤色のランドセルではなくて、親の反対を押しきって黒色のランドセルにしたり、中学校で入部した吹奏楽部では、周りとは違った楽器を担当したくて1人しかいない打楽器を選んだなど、とにかく「他とは違う個性がある」ことを、何かを選ぶうえで大切にしてきたことがわかりました。

　また、ゼミやサークルといった環境を選ぶときには「真面目な雰囲気」で、「指示されたことをやるよりは、自主的に考えて行動できること」を大切にしてきたようでした。

　これまでの選択で出てきたポイントを元に、応募企業をながめてみると、ほとんどが「個性的な商品」を扱っていて、仕事も「自分で進め方を考えていく」ようなスタイルでした。

　あなたが自然に選んでいる企業には、あなたが魅かれるポイントがあります。そのヒントは、これまでのあなたのちょっとした選択ににじみ出ているのです。

　人によっては、これまでの選択について「消去法だったから……」とネガティブにとらえてしまうこともあるかもしれません。そんなときも、もう一歩深く考えることで、あなたのこだわりや価値観が見つかることがあります。

　たとえば、入学した大学は第1志望の学校ではなかったので……、という人も第1志望でなかったとはいえ、そもそもその大学を受験したことや、浪人をせずに入学をしたのですから、よいと思ったポイントもあったはずです。そんなふう

に振り返ってみると、その当時から海外とのコミュニケーションに興味があったから、語学のカリキュラムが充実している○○大学を選んだんだった！　などと思い出すこともあるでしょう。

　また、どれだけポジティブに考えたくても、あのときの選択は自分で決めずに流されたなぁとか、浅はかだったなぁと感じてしまうことがあるかもしれません。それでも落ち込む必要はまったくありません。あなたは過去の経験から学び、いくらでも変わることができます。今のあなたから考えると、その当時とは違った選び方もできたなぁ、と思うのならそれも貴重な学び。これからの企業選びに活かしていきましょう。

　校舎が新しくてキレイな環境に惹かれ、カリキュラムをロクに調べないまま入学して後悔したのなら。次の会社選びでは、イメージのかっこよさだけではなく仕事のリアルな内容まで調べる気持ちになるでしょう。また、志望校に受からなくて、興味を持っていたことについて勉強することを諦めたなら。これからの仕事ではリベンジとして、興味を持っていた分野に打ち込める環境をめざしてもいいでしょう。無理やりに理由や一貫性をこじつけない方がいいですが、あなたの選択を振り返るといろいろなことが見えてきます。

あなたへの質問

大学・学部を選んだ理由はなんですか？
ゼミを選んだ理由はなんですか？
部活動・サークルを選んだ理由はなんですか？
アルバイトを選んだ理由はなんですか？
選択の理由に共通点はありますか？

ピンとくるキーワードから選んでみる

　いろいろな業界の企業にエントリーしていて、それぞれにいいなと思う理由もあるけれど、なんだかバラバラで一貫した「軸」が感じられない……というときは、キーワードから、あなたの価値観を探ってみましょう。

　次に挙げるキーワードから、読んでみて「これは私のやりがいになりそう！」とピンとくるものを選んでみましょう。いくつ選んでもかまいません。

やりがいキーワード

- □社会への影響が大きい
- □広範囲の仕事
- □裁量権が大きい（自分に任される）
- □顧客から指名される
- □人の成長に関わる
- □収入がよい
- □新しいものを生みだす
- □多くの人に会う
- □ノルマの達成
- □非日常の出来事に関わる
- □グローバルに活躍する
- □地域に密着・貢献している
- □チームで仕事をする
- □独自のアイデアが活かせる
- □ものづくりをする
- □数字やお金を扱う
- □ルールが守られている
- □伝統を守る
- □長期的な関係を続ける
- □日々の暮らしを支える
- □情報を提供する
- □資格や専門性が身につく

　チェックできたら、今選んだものをなぜあなたはやりがいに感じるのか、考えてみましょう。

🗨️ たとえば

☐ チームで仕事をする
　⇒　高校3年間は、文化祭の"顔"となる入場門をつくることに情熱を傾けていた。毎年、夏の暑い日差しの下で、1人でなく数十人の仲間とひとつの作品をつくり上げる活動は楽しかった。なかでもつくり上げたいイメージに向けて、あれこれとアイデアを出し合うときには、自分にない発想が出てくることが嬉しかった。これからの仕事でも仲間でアイデアを出し合って、よいものをつくりたい。

☐ 伝統を守る
　⇒　友達にもらったチケットで何気なく行った歌舞伎で、その魅力に驚いた。それと同時に、やはり劇場にいるのはシニア層がほとんどで、もっと若者にもこの面白さを伝えなければいけないのではないかと思った。歌舞伎に限らず、日本の伝統芸能は世界にもっと魅力的に発信できるし、まずは国内で若者にその素晴らしさを伝えていく必要があると思う。

　このとき、単にキーワードを選ぶだけではなく、そのキーワードをよいと思った理由まで考えることが大切です。同じキーワードに反応しても、そう感じた背景、想いや経験というものは、その人によってまったく違うからです。

> 伸びしろを感じることが会社選びの軸になっているアイコさんの話

　キーワード選びとは違うアプローチで、それぞれ受けている企業への志望動機から共通点を探し出すことができたケースを紹介しておきましょう。

　「リクルーター面談で、今応募している会社について説明したら、あなたが目指していることがバラバラでわからないって言われました！」とその日に駆け込んできたアイコさん。

　そのとき、アイコさんは5つの業界に興味を持っていました。その中でも特に志望度の高いのが、クレジットカード、印刷、ファッションビル。一般消費者のお買い物という軸は見えてきそうなものの、やりたいことの一貫した軸というものはあまり見えていないようでした。

　そこで、それぞれの業界についてなぜ魅かれているのか？　ということを整理していきました。すると、以下のようなことがわかりました。

- クレジットカード
    - ⇒ 日本人の消費生活にもっとカードを浸透させる伸びしろがあるはず。仕掛けを考えて、カード文化をつくりたい。
- 印刷
    - ⇒ 電子書籍の分野にビジネス成長の伸びしろがある。電子書籍のメリットを活かした提案をして、電子書籍を浸透させたい。
- ファッションビル
    - ⇒ 同じ業界でも、新しい取り組みに意欲的な会社が第1志望。地域に根づいたテナントや施設を企画して、新しいファッションビルとしての活用の形をつくって近隣エリアの顧客をさらに取り込みたい。そうすると、今は利用者が減っていてもまだまだ成長の伸びしろがあると思う。

興味のある3つの業界とその理由を並べてみると、そこには共通して「消費者に新しい文化や習慣を根付かせるような『伸びしろ』があり、その業界を成長させたい」という想いがあることがわかりました。

　アイコさんにとって、この「伸びしろを感じる」ということは会社選びをするうえでの大切なポイントだったのです。

　一見バラバラな業界でも、それぞれ確かに惹かれているなら、魅力に感じている理由を丁寧に並べていくことで、共通したあなたの会社選びの軸が見つかることもあります。

あなたへの質問

あなたがやりがいに感じることはなんですか？
どんな業界・仕事・環境ならそのやりがいを満たせますか？

「人と接する仕事がしたい」という想いを解明する

　「私は人と接することが好きなので、人と接する仕事をしたいと思っています」というのは、とくにつながりやコミュニティを好む傾向にある女の子らしい発想です。

　もしあなたも、「人と接する仕事がしたい」という希望であれば、その希望はほぼすべての企業でかなえることができます。企業は大きなチームなので、あなたがお客様と直接的に対応する仕事でなかったとしても、仕事を進めるうえで、必ず社内の人や、取引先と接することができるからです。どこかの一室に閉じ込められてしまう仕事はめったにないでしょうから。

　このようにどんな企業や職種でも誰かと接して仕事をしていくので、「人と接する仕事がしたい」という基準だけで職場や仕事を選ぶのは、ちょっと物足りな

い感じがします。せっかく人と接する環境が世の中にあふれているのですから、ここはもう一歩欲張って、もっとあなたが求めるスタイルをハッキリさせてみましょう。

　たとえば、「どんな人たちと」「どんな場面・手段で」「どれだけの期間」接して、その結果として「何をしたいのか？」ということまでを考えてみます。漠然としたものを、いろいろな切り口で具体的にしていくと、あなたの想いがわかってきます。

　次の表から、あなたの「人と接したい」イメージに近いキーワードを選んでみてください。もちろんいくつ選んでもかまいません。表では、人と接する仕事をいろいろなモノサシで分けているので、あるところははっきり「コレ！」と選べるものがあり、あるところは「特にこだわらない」と感じるかもしれません。こだわりがないところは無理に選ばなくてもいいので、選んだものについては、選んだ理由も考えましょう。

　できたら、選んだものを組み合わせてみてください。

　どんな仕事が浮かんできましたか？　またもし選んでいるうちに、選択肢にはない表現が自分の頭に浮かんだら、その表現こそ、あなたらしい想いかもしれません。

人と接したい気持ちを具体的にするキーワード

人と接する仕事

誰に？			
性別は？	・女性	・男性	・こだわらない
年齢は？	・子供	・若い世代	・ミドル世代
	・シルバー世代　など		
ほかには？	・地域住民	・ファミリー	・学生
	・働く人	・自営業者	・取引先企業
	・社内の上司や同僚	・外国人	・経営者
	・富裕層	・観光客	・芸能人
	・アーティスト	・主婦	・患者　　など

どんな場面で？			
・日本で	・海外で	・店頭で	・社内で
・イベントで	・施設で　　など		

どんな手段で？			
・直接会って	・訪問して	・電話で	・ネットで　など

頻度は出会う数は？	
・不特定の人と短くても多く	・特定の人と長くじっくり　　　　　など

何をしたい？			
・楽しませたい	・感動させたい	・悩みを解決したい	・癒したい
・成長させたい	・安心させたい	・勇気を与えたい	・売上貢献したい
・刺激を与えたい	・情報提供したい	・出会いをつくりたい	
・（　　　　　）を伝えたい　　など			

たとえば

☐ 子供・店頭で・不特定の人と短くても多く・楽しませたい

　⇒　おもちゃの小売り、書店、飲食、レジャー・アミューズメント　…

☐ 取引先企業・直接会って・特定の人と長くじっくり・売上げに貢献したい

　⇒　人材派遣、広告代理店、コンサルティング　…

このように、人と接するといっても、詳しく見ていくと職種や仕事のスタイルはさまざまあります。あなたが望んでいるスタイルを具体的にイメージしていくと、その業界を選ぶ理由がぐっと明確になってきます。

あなたへの質問

> あなたは誰に、どんな価値を提供したいのですか?
> そこにはあなたのどんな想いがありますか?

自分のアピールに自信がない。　原因はなに?

　面接ではもはや定番の「自己PR」。あなたが、自分をアピールすることに苦手意識を感じているなら、それは、あなたに強みがないからではありません。自分らしい強みを理解していないことに原因があります。
　就職活動は、初対面の相手にあなたという人がどんな人なのかを伝えていく活動です。企業側はエントリーシートや面接を通して、あなたのことを理解したいと思っています。しかし、あなた自身が自分のことを理解していないと、自分のことを伝えるのはとても難しくなります。自分を伝えていくためには、聞こえのいいフレーズや、誰にもびっくりされるような、とっておきのエピソードを考えるよりも先に、あなた自身が自分の特徴をつかむことが大切です。

対策 ➡ 当たり前に過ごしてきた環境や出来事を振り返る

　私がはじめて会う就活生に、自分のアピールポイントについて質問したとき、自信のあるものがない：なんとなくそれらしいものがあるがピンこない：わかっ

ていると答える人の割合は、6：3：1くらいといっていいでしょう。

　しかし、これまでの経験について質問しながら30分から1時間ほど話を聞くと、その人の中心となる強みのほかに、平均して5つくらいの強みをすんなりと予想することができるようになります。その後にまた時間をかけて、詳しい状況や想い、その能力が他の場面でも発揮されていることを確認しながら、一つひとつ丁寧に確認していくのですが、わずか30分程度でも、「これかな」という強みや魅力が予想できるほど、一人ひとりに個性があります。

　それまでに見つめる機会がなければ、急に「自分の強み」をと言われても、説明するのは難しいものです。でも、あなたらしい強みは、あなたが今まで過ごしてきた環境や出来事、そして今日という1日でも発揮されています。

　あなたに「強みがない」のではなく「自分で気づいていない」だけですから、それを見つけていこうという姿勢を持って、この壁を乗り越えていきましょう。

あなたらしさのルーツはどこに？

　まずはあなたのルーツを丁寧に振り返ってみましょう。今、この瞬間のあなたは、幼い頃からのさまざまな経験や環境の集大成でできています。有名な偉人の伝記も、幼い頃のことから書かれていて、ルーツをたどってみると、「ああ、だからこんな人になったのか」という納得感があったりします。

　企業の面接でも、形式的な自己PRや学生時代のエピソードをスピーチしてもらうのではなく、あなたが生まれてから今に至るまでを順を追ってひたすら聞いていくスタイルがあります。その人らしい行動や考え方は、自己PRや学生時代の一番のエピソードを聞くよりも、生い立ちからさかのぼって聞いていくほうが理解しやすいこともあるからです。こんなとき、自分のキーポイントになっている経験や環境をおさえられていないことで、アピールできるチャンスをかなり逃している人がいます。

　そこで、まだ自分のアピールにピンときていないときは、まずはあなたがこれ

まで当たり前に過ごし、育ってきた環境や、そこで発揮されていた自分らしさに目を向けていくことから始めてみましょう。

自分が気づいていない「当たり前」こそあなたの強み！

■家族

　生まれて一番初めに接し、その後も長い時間を一緒に過ごすことが多いのは、やっぱり親でしょう。長い時間を過ごしてきたからこそ、そこからあなたはかなり大きな影響を受けています。

　性格や特性というものは、親から遺伝的に受け継ぐというより、育っていく過程で後天的に受ける影響が強いといわれています。自分が受けてきたしつけのほか、親の職業や仕事に対する姿勢、親の性格などを考えていくと、あなたがどんな影響を受けているかがわかってきます。

　親があなたにつけた名前には、「こうなってほしい」という想いが込められ、少なからずそのように意識して育てられたかもしれません。また、親の行動や言動は、あなたの考え方や気持ちに影響を与えます。特に「こうしなさい」と教えられたことは、ルールブックとしてあなたの行動に効果てきめんに現れます。

　親から受ける影響として、いくつかのケースをご紹介します。

ユウコさんは親からいつも「あなたは失敗するから、用心しなさい」と言われてきました。そのため、いつも行動する前にリスクを考えてしまいます。周りからは「心配しすぎ」といわれることも。
　リョウコさんは親から、「自分で決めたことはやりきりなさい」と言われてきました。そのため、いったん自分が選んで始めたことについて、予想外に難しかったり、逆境になっても諦めることなく続けようとします。
　カオリさんは、ご両親が仕事で忙しく、「自分のことは自分でやる」ことができたときにとても褒められていました。そのため、ものごとを自分で考え、やりきるようになりました。ちょっと人の力を借りることが苦手です。

　親から受けた影響という話になると、プラスに感じられることだけでなく、時にはマイナスに感じられることがある人もいますが、客観的に「わかって」いればいいのです。もし、あなたをちょっと苦しめてしまうような考え方や姿勢が見えてきたとしても、「親にこんなふうに育てられたから、自分はずっとこの性格なんだ」とがっかりする必要はありません。
　無意識のうちは変えられませんが、自分がどんな影響を受けてきたのかを一度わかったうえで、意識できるようになれば、あなたは自分が望む方向に考え方や行動をシフトさせていくことができるからです。

　「アピールすることがありません」と自分に自信がなかったりする人の中には、親だけでなく、兄弟に優等生タイプのお兄さんやお姉さんの存在がある場合もあります。
　先に生まれたお兄さんやお姉さんのスゴイ部分（いわゆる"お勉強"などの、わかりやすい成果など）について、あなたが同じ物差しで比べられてしまったとしたら……。そこにわかりやすく優劣がつくと、どうしても長い期間にわたって「私はできない子なんだ」というマイナスな感情をもちやすいのです。

でも、そもそも兄弟を、同じ物差しで比べる必要はありません。最近、漫画や映画で話題になった『宇宙兄弟』(小山宙哉・講談社)では、兄弟がともに幼い頃からめざした宇宙飛行士になっていくまでのストーリーが描かれていますが、その個性はバラバラです。とても器用で、どんな技能も短期間に習得できて、先に宇宙飛行士になった弟と、不器用だけど実直さがあって観察力や記憶力に優れた兄。それぞれが異なる才能を持っていて、親も平等に彼らに接しています。

同じ目的地に到達するにしても、その方法は無限にあるのですから、自分にないものに落ち込むより、自分の持ち味に目を向けて伸ばしていく方が近道です。

■住んでいた環境

家族からの直接的な影響だけでなく、住環境の変化や家庭を取り巻く環境に影響を受けることもあります。

たとえば引っ越しという出来事。小学校から中学校まで４回の転校を経験していたマイさん。学期途中で、まったく知らないクラスメイトになじんでいく術(すべ)として、価値観の違いに対しても柔軟で、また初対面のどんな人に対しても感じのよい印象を与えられるようになっていったといいます。

ほかにも、実家がお寺のシノブさん。子供の頃からお寺の行事を手伝っていたので、大学生になってからも夏と年末は実家の手伝いをしていたそうです。生活習慣や食事のマナーも厳しく、また、近所でお寺に来てくださる住民の方に出会ったときは必ず丁寧に挨拶をするよう親から言われていました。そのおかげで、年配の方とも話すのが得意になり、規律を守って礼儀正しく振る舞うことが自然に身についていました。「アルバイトも、長期で続けているものがないので、自分について説明するためのエピソードに困っています」と言っていたシノブさんでしたが、当たり前だった自分の環境から得たものを、改めて

見つめ直すことができました。

14年続けたバレエが原点だったユキコさんの話

「もの心ついたときから習っていて、10年以上続けました」という習い事がある人もいます。真剣に取り組んでいればいるほど、そこで身についた姿勢が今のあなたに活きていることがあります。

「自分の強みって言われても、イマイチこれ！　と思えるものがなくて……」と話していたユキコさん。そこで、まずは幼児の頃からさかのぼって、印象に残っていることを聞いていくと、なんとユキコさん、クラシックバレエを4歳から高校卒業まで14年間習っていました。

通っていたバレエ教室は、本番の発表会に向けて厳しい練習を行っていました。学校を終えてから毎日4〜5時間の練習を続ける日々。常に、自分の演技だけに集中するのではなく、周りと演技をそろえるために、全体の動きを見ることも鍛えられていました。

幼い頃から忙しい環境の中でバレエを続けていたこともあり、大学生時代には授業とダンス部の練習とも両立させながら、居酒屋のアルバイトも週5日こなし、連日深夜まで元気に働いていました。お店では周りを客観的によく見ることも得意で、隅々までよく気が利くとほめられていました。バレエで培ったタフさと、舞台上で全体の状況を見て自分の動きを取っていく視野の広さが、ばっちり染みついていたということです。でも、どちらも自分では当たり前すぎて、まったく気づいていない強みだったのです。

ここでは、家族、住んでいた環境、習い事を取り上げました。あなたらしさを探るヒントになるものはあったでしょうか。幼い頃に影響を受けたものこそ、あなたらしさの土台をつくっていることが多いのですが、振り返る機会をつくらな

い限り、なかなか意識できません。自分のルーツをたどっていったとき、今のあなたに影響を与えていることは何だったのでしょうか。

あなたへの質問

過去の環境で今のあなたに影響を与えていることは何ですか？

日常生活でもあなたの価値は発揮されている

　過去のことを振り返り、自分らしさがなんとなくわかってきたところで、視点を日常生活に戻してみましょう。

　就職活動になると、とっておきのエピソード探しに一生懸命になる人が多いのですが、あなたらしさは日常生活でもよく発揮されています。そこで、自己PRの答え合わせのつもりで普段の自分の行動を見つめてみましょう。

■テストの乗り越え方

　学生生活での大切なイベントのひとつである定期試験。この課題に対する戦い方にも、あなたの行動特性や得意なことが現れてきます。まずは典型的なタイプをご紹介していきましょう。さて、あなたに似ている人はいますか？

① とにかく人の力を借りるのが得意な人

　テスト前になると、急にキャンパスで見かけるようになる人がいます。口癖は「いや〜、○○さん、ほんと助かる！　ありがとう！」。とにかく笑顔とゴキゲンなトークを武器に、友達や先輩のネットワークを駆使して美しいノートや過去問を手に入れていきます。優等生に教えてもらい、ファミレスで深夜まで勉強会を開催してテストを乗り越えていきます。

　こんな人は、多くの人と連携して問題を乗り越えていくのが得意で、めざすゴールに向かって人を巻き込んでいく才能があります。

② うまく試験のヤマをはる人

　周囲からは、ちょっとしたブレーン的な扱いを受ける人です。口癖は「今回の範囲だったら、きっとこのページから出るよ」。直前の講義での教授の話し方や、ノートのポイント、過去問の傾向から、重点を置いて勉強するヤマがはれる人です。その的中率は、周りから一目置かれています。

　こんな人は情報を集める力や、相手の意図をしっかり理解することや、論点をキャッチするという面での"聴く"コミュニケーション能力が高い人です。

③ 友達への説明が得意な人

　ちょっと勉強が苦手な友達がテストを乗り越えられるように、わかりやすく説明できるタイプで、テスト直前にとにかく頼られる人です。お人好しな人が多く、口癖は「人に教えると、自分も理解できるからいいんだよね」。

　自分がわかっていても、人が理解できるように説明できるとは限りません。うまく説明できるということは、表現方法や、話の順番や範囲など、相手の視点に立って論理的にわかりやすく"伝える"コミュニケーション能力が高い人です。そもそも、自分が大変なときでも人の役に立とうとするのですから、ホスピタリティも高いでしょう。

④　周りからよくノートを貸してほしいといわれる人

　テスト前の人気は、文句なしにナンバーワンでしょうか？　口癖は「そんなキレイに書いてないけど……大丈夫？（そしてたいていの場合、そんなことはなく完璧なノートなのですが）」。継続して授業に出席しているというまじめさに加えて、聞いたことを正確に書き取る丁寧さが、みんなからの支持を集めるポイント。まとめる力は、仕事でもいろいろな場面で求められます。ルールを守って正確に丁寧な仕事をするという環境でも存分に活かせそうな力です。

⑤　綿密な長期計画を立てて取り組む人

　テストが近づいてくると、しっかり勉強の計画をたてて着実にこなしていく人です。口癖は「わたし、心配性だから前々からやっていかないと不安なんだよね！」。この力は、目標を達成するため、適切なプロセスを設計していく計画性がある人です。

　仕事には、どんなプロジェクトにも期限があります。その計画性は、仕事にもきっと活かせるでしょう。計画からずれたときに、どのように修正を図っていくかということまで考えられると、想定外なことへの対応力までアピールしていくことができるかもしれません。

⑥　とにかく気合と徹夜で乗り切る人

　計画性とは逆のようですが、これも立派な能力です。口癖は「眠すぎて、変なテンションになってきた！」。ギリギリまで粘るためには、体力と目標への執念があってこそ。そんな人は、多少のハードワークが求められる仕事でも楽しく乗り越えていけるでしょう。仕事には時に、ここぞという勝負ドコロがあります。この勝負ドコロで最後まであきらめずに目標を達成できる強みは、任せたことを最後までやりきってくれるという周りからの信頼感にもつながります。

■みんなで楽しむイベントの役割

　今度は、友達やサークルの仲間と楽しむ、飲み会や旅行。つき合いが長くなればなるほど、それぞれのユニークな特性がチームの中で際立ってきます。気心の知れた友達の中で、自然と任されてしまう役割からも、あなたらしさが見えてきます。

企画係
リサーチ担当
盛り上げ役

① 集合時間には絶対遅れないようにしている人

　仲間内であっても、ルールを守る規律正しさがある人です。たとえば、テニスサークルに所属しているアヤノさんは、同期から、新入生の引率役をいつも任されるそうです。「アヤノ先輩が改札で待っているから、そこに集合してね」といった調子です。特に立候補したわけでもないのに、なぜ？　と理由を考えると、そこには時間に遅れないのはもちろんのこと、任されたからには集合場所に早めについておこうということが自然にできる彼女の姿がありました。約束を守り、任されたことに対する責任感の強さが、周りにも信頼されているわけですね。

② いつも、店のチョイスや日程調整を任される人

　情報収集が得意だったり、参加者全員の日程調整が苦にならない人は、調整力があり、スピード感のある行動が強みであることが多いです。

サヤコさんは、友達同士の旅行でも飲み会でも、たいてい宿泊先やお店を決めるのを任されるそうです。インターネットであれこれ検索して、お得で素敵なプランを見つけるのが友達に喜ばれているのだとか。本人も、情報を調べたり、お店側との細かな調整が大好きだそうです。

③　どんなときでも、会計をきっちりこなす人
　飲み会でほろ酔い気分でも、合宿で大人数からのお金の回収があるときでも、みんながそれぞれ立て替えをしている複雑な精算をしなくてはいけないときでも、ビシッと会計をしてくれるという信頼感のある人がいます。数字に強いというほかにも、冷静だったり、丁寧に正確な仕事ができる人が多いですね。

④　とにかく先頭にたって、盛り上げる人
　イベントでは先頭にたってメンバーを盛り上げていくようなエネルギーにあふれた人は、実行力や求心力が大きな武器です。底抜けの明るさや、ユーモアのセンスがあったりする人も多いでしょう。ユーモアも仕事ではとても大切なコミュニケーション力のひとつです。

⑤　周りに目を配り、声をかけたり追加オーダーをとったりする人
　いつも全体に気を配っている人は、観察力や、周りに楽しんでもらいたいというホスピタリティが強いのではないでしょうか。リーダーでも気がつかないところに気づいたり、周囲の人が苦手なことをフォローできる力があったりします。みんなが動きやすい、穴を埋めていく環境づくりでチームに貢献できるでしょう。

　こんなふうに、特別なイベントやエピソードでなくても、普段の学生生活であなたらしさは発揮されています。面接でも聞かれることがある「飲み会での

役割は？」という質問も、実はあなたの特性を理解しやすい質問です。無意識に答えるのではなく、「なんでいつもこの役割になっていることが多いのかな？」という視点で考えて、実は自分の日常で発揮されている強みをつかんでいきましょう。

あなたへの質問

あなたが、友達と一緒にいるときに自然と任されている役割はなんですか？

「サポート役」という言葉でまとめるなんてもったいない

　周りの気持ちや状況に合わせて行動することが得意な女の子ほど「私はみんなをひっぱるリーダーではなくサポート役だから、これといってアピールすることがない」ことで悩んでいます。でも、社会でも就職活動でも、先頭に立ってみんなを率いていく才能のある人だけが評価されるわけではありません。

　もう一度ここで、企業をサッカーチームにたとえて考えてみましょう。ひとつのチームにはさまざまポジションがあり、大きく分けるだけでも攻めのフォワードや守りのディフェンダー、中盤のミッドフィルダー、ゴールキーパーといったポジションに分かれていますよね。さらに、ひとつのポジションを担うプレイヤーがキャプテンも務めています。仮に全員がシュートならお任せの天才的なフォワードだったとしても、ゴールを守れずにがら空きになってしまいますし、うまくパスをつなげずに一人ひとりが非効率に走り回ってへとへとに疲れてしまうかもしれません。スピードやパワー、判断力や守備力など、それぞれの得意な能力を活かすからこそ、それらがうまくかみ合って、チームプレーになります。さらに、チームの指揮をとり、メンバーの成長を促進したり、戦力を強化したりする

監督やコーチ、スカウトマンといった、直接ゲームに参加しないところにも、大切な役割がたくさんあります。

　企業が大きなひとつのチームだと想像すれば、「リーダー」だけで組織が成り立たないこと、さらに「サポート役」といっても、それぞれの才能がさまざまな役割でチームを支えているのがわかるでしょう。そう考えると、あなたが発揮する価値がどんなポジションで活きるのか、まだまだ追求していけそうな感じがしてきませんか？

　就職活動になると、急にアルバイトリーダーや部長、副部長が増えるといわれていますが、企業側は「役職」に対して評価をしているわけではありません。大切なことは、その役割において、あなたらしさがどのように発揮されていたかということです。

　あなたがどのような強みによってチームを助け、プラスの影響を与えることができるのかを理解するために、これまでチームで活動したことをできる限りたくさん思い出しましょう。具体的にあなたがしてきたことを、どんな小さなことでも思いつく限り書き出してみてください。あなたのサポートの形に共通点が見つかったら、自分の役割を言葉にしていってください。

🧑 **たとえば**

- 自分が率先して努力する姿で、周りのやる気を高めていく
- 常に先のことまで考えて、先回りした準備をする
- ものごとを実行するための情報を集める
- ゼロの状態から、進めるための道筋やルールを考える
- 仲間同士のコミュニケーションの場をつくる
- 人がやりたがらない面倒な仕事も率先してする
- 外部との窓口になってうまく調整をしたり、人と人を結びつける
- 明るい考え方と積極的な姿勢で、周りをポジティブにする
- 今あるものをよりよくするためのアイデアを出し、工夫する
- 人の相談ごとに乗り、冷静に的確なアドバイスをする

サポートできるかたちも人それぞれなのです。ですから、普段の自分の役割を、単にサポートという表現から、さらに具体的に考えてみましょう。

🧑 **あなたへの質問**

> スポーツのチームにたとえるとしたら、あなたのポジションはどこですか？

短所を長所に転換する

「自分の長所って、何を挙げたらいいのかわかりません。短所なら、たくさん言えますが…」というネガティブな状態にハマりこんでいる人もいます。

迷宮から抜け出すために自分を知る　Chapter 2

　でも、短所が言えるくらい自分のことを見つめられているなら大丈夫！　あなたはその短所をヒントに、長所に転換していくことができます。
　振り子の話を知っていますか？　振り子時計などを思いだしてみると、振り子は左右対称に振れていますよね。人の長所と短所は振り子のようなものだととらえてください。短所もあなたの個性。あなたの長所といえる個性が、行きすぎた結果として短所として出ているものだととらえればいいのです。

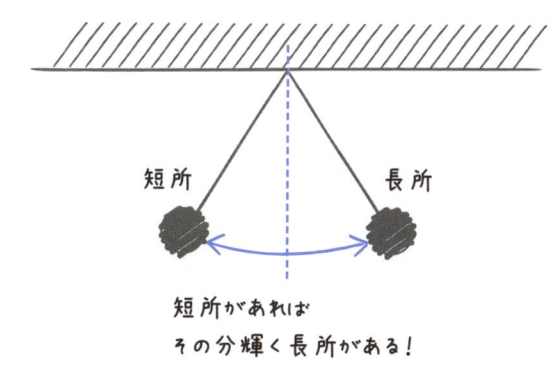

短所があれば
その分輝く長所がある！

　実際にいくつかの例を挙げますので、あなたの短所もこんなふうに、クルリと長所に反転してみましょう。

> **短所から長所を見つけてみた例**
> ● 心配性な人は、リスクを考える能力が高い
> ● 口出しが多い人は、面倒見がよい
> ● 何でも引き受けてしまう人は、ホスピタリティがある
> ● 頑固な人は、意思が強い
> ● 面倒くさがりの人は、無駄を嫌って効率のよい方法を考える

ゲーム感覚で、頭の体操のつもりでやってみるくらいのほうが、柔軟にアイデアが出てきてよいかもしれません。最近では、ネガティブな言葉をポジティブな言葉に変換してくれるという、画期的なアプリまで出ています。

　自分の短所を気にしてばかりの人もいますが、短所を無理に直そうとすると、振り子の振れ幅が小さくなるように、長所としての良さも減ってしまう可能性が高いです。そこで、短所をなくそうとするのではなく、うまくつき合っていく。さらに短所をなくすよりも、あなたの長所を伸ばせる環境で、あなたの持ち味をさらに磨いていくことが大切です。

あなたへの質問

あなたが自分の短所と感じているところはどんなところですか？
あなたの短所を長所に変換すると、どんな表現ができますか？

それでもアピールが見つからないときは、今日から探せばいい

　ここまで、あなたの強みを見つける方法を考えてきました。それでもまだ、「あれこれ考えてみましたが、正直やっぱり大学生活ではこれ！　と自信を持って言えることがありません。私の強みについて学生時代のエピソードで説明することを求められたら、もう本当に何もしていなくて、自信がないんです」と悩んでしまう人もいるでしょう。

　エントリーシートでも面接でも、「学生時代に力を入れたこと」というお題がよくあります。そこでどうやって自分の強みをアピールしようかという壁に立ち止まってしまう人も多いです。

　大学生活のことを振り返っても、これといって自信を持てることがないので、もう話を完全にでっちあげるしかないとかいう声も聞かれます。しかしあなたの

学生生活は終わったわけではなく、今、この瞬間も続いているのです。不自然に話をゆがめたり、うまく話すテクニックに頼るより、これまでの自分は自分としてまずは受け止める。そして、今の環境で挑戦できることを考えて実行すればいいのです。実際は２週間でも本気でチャレンジできる期間があれば、あなたの取り組み方によっては、成果が充分に期待できるのですから。

　たとえば、アルバイトをしている人は、何か『目標』をひとつ立てて行動してみることをおすすめします。目標はいろいろ考えられます。

- お客様に10回、「ありがとう」と言われるように行動する
- いつもより、商品を出す時間を早くできる工夫を３つ考えて実行する
- 新しい商品をお客様全員に紹介して、三人に一人は購入してもらえるようにする。

　目標を立てるときは、「できたか、できなかったか」を数字などではっきりわかるものにすることがポイントです。そして、その日のアルバイトの時間は、通常の仕事をこなしながら、その目標に対してとにかく集中するようにします。

　アルバイトが終わったら。必ず「振り返り」をしてみましょう。目標がクリアできた場合には、今回の取り組みを通じてわかった発見と、勉強になったことを書き出して、新たな目標を設定します。できなかった場合には、なぜできなかったのかという理由を振り返ります。そのうえで、同じ目標に再チャレンジするか、新しい目標を設定します。結果や振り返りは、必ずメモをしていってください。

　この行動を繰り返すことで、毎回のアルバイトで得られることがこれまでとは見違えるほど増えます。また、仕事で必要とされる力もレベルアップしていきますし、自分の得意なこともわかってきます。

> **同じ環境にいて1ヵ月半で大きく成長したクミさんの話**

　就職活動をスタートする12月に、「何もやり遂げたと思えることがなくて、アピールに自信がありません」と話していたクミさん。そこで、彼女は今まで続けていたアルバイトで、目標を立てて新しいチャレンジをすることから始めることにしました。クミさんが取り組んだのは、これまでずっと必要だと思っていたアルバイトの業務マニュアルの作成と、新しいアルバイトメンバーも含めたメンバー全体の接客に対する意識を変えることです。

　どちらも、これまでは「できない理由」を考えて手をつけてこなかったことでした。しかし、自分の意思でやろうと決めて取り組みはじめたところ、たった1ヵ月半ほどでどちらも実現させてしまったのです。みんなを巻き込んで、お店のしくみ全体を整えていく。これは本当にすごいことです。がんばった取り組みの中から、自分らしい才能も見えてきました。

　クミさんは、就職活動のためにアルバイトを変えたわけでも、資格を取ったわけでも、ボランティアをしたわけでもありません。これまでずっと続けていたアルバイトで「もっと成長する」、「環境を自分で変える」と目標を決めてがんばったのです。そしてそれが、新しい成長と発見につながったのです。"できた"という実感は、クミさんにとても大きな自信になりました。

　きっかけは「自分がどこまでできるかを証明するためのネタづくり」だったとしてもよいのです。結果的に、あなたにとっても周りにとっても、プラスの影響が与えられるなら、これぞまさに一石二鳥！　今、あなたの周りにある環境で、さらにあなたの才能を伸ばす、そして見つけるチャレンジを楽しんでみませんか？

あなたへの質問

今からあなたが取り組めることで目標を立てるなら、何に挑戦しますか？

将来のビジョンがイメージできない　原因はなに？

「あなたの夢やキャリアビジョンについて教えてください」という質問がどうも苦手という方はとても多いようです。あなたは答えられますか？

企業が将来のビジョンについて話すことを聞いてワクワクしたり、自分もそんな将来を一緒に目指していきたいかどうか考えるのと同じように、企業もあなたの進む方向性を知りたいと思っています。もし、あなたが会社説明会に参加した企業が、「私たちは○○事業を企業の柱としています。えー、将来の方向性は、現在のところ未定です」なんて言われたら、なんだか頼りないでしょう。

将来のビジョンがイメージできない原因として、そもそもあなたがどんな人になりたいと思っていて、社会にどう貢献していきたいのか？　ということについて考える時間をとっていなかったり、考えたいけれど、どこから考えていけばいいのか、わからないまま悶々としているということが多いようです。

実際、就活生だけではなく、社会人になってもあいまいな人（または、ない人）だって多いのです。とはいえ、今、これだけ自由に仕事を選べて社会の何かの役に立てるようになるのですから、自分がなりたいもの、やりたいことで力を発揮できるほうが、社会にとっても自分にとっても幸せですよね。

対策 ➡ なりたい自分や理想の社会のイメージを描く

　はじめから、応募している会社での具体的なキャリアを考えていく前に、「わたしはどんな人になりたいのか？」とか「どんな社会になったらいいのか？」という大きな視点でイメージしてみるといいでしょう。

　「こんな人になりたいから、○○という知識や経験を得たい」とか、「こんな社会を実現したいから、そのために○○という仕事をしたい」といった順で、大きな視点で考えたイメージを実現するために、必要なキャリアを考えていくという流れです。

　こんなふうに、はじめに自分の目的地を描くことで、しっかりとした柱ができるので、応募している会社ごとに話す内容をイチから考えていく必要もなくなります。話にも、一本筋が通ってきます。

なりたい印象やイメージから考える

　あなたが、営業やシステムエンジニア、経理など、なにかとくに究めたい仕事があるのであれば、キャリアビジョンはとても描きやすいでしょう。しかし、具体的な仕事の希望があいまいなのだとすれば、自分が周りに与えたい印象や、イメージから考えてみるのがいいでしょう。

　道ですれ違う人も、いろいろな会社で出会う社員を見ても、一人ひとりのイメージは人それぞれ。あなたは、周りにどんなイメージを与える人になりたいですか？　たとえば相手に与えたいイメージを考えたときに、「私に任せたら安心と言ってもらえるようになりたい」といった想いがあったとします。ここから、「安心」というキーワードをスタートにして、もう一歩深めてみましょう。まず、「安心される人」ってどんな人でしょうか？

> **安心される人の条件について考えてみた例**
> たくましさ ── 他の人が諦めそうな困難なことがあっても解決する
> しなやかさ ── 急な変更にも柔軟で臨機応変に対応する
> 想像力がある ── 目の前の仕事の、先のことまで考えたうえで行動する
> 知識や情報が豊富 ── 必要な情報や知識が最新の状態で頭に入っていて、最適な方法を考えられる
> 調整上手 ── 社内や取引先に対してうまく要望を通すことができる

　こんなふうに考えていくと、「安心」というキーワードの中から、自分がどんな人になっていきたいのかが、よりはっきりしてきます。あなた自身のイメージがはっきりしてくれば、企業に対しても、自分がどんな人に成長していきたいのかを具体的に伝えられるようになってきます。

　尊敬する人を挙げて、理想のイメージをつくっていくのもいいでしょう。あなたが憧れている、身近な人、著名人、歴史上の人物など、まずは自由に挙げてみましょう。5人くらい挙げられるといいと思います。そして挙げた人物について、どんなところに憧れ、尊敬しているのかについて書き出してみると、あなたがめざしているイメージが具体的になっていきます。
　イメージが具体的になってきたら、目指しているイメージを達成したときのあなたが持っている知識や意識、そのときの自分はお客様や仲間に何ができるのかということを表現してみます。

たとえば

- どんなことを知っていて、できるようになっているか？
   - ⇒ ディレクターとして、話題になるプロジェクトを手がける
- どんなことを意識して仕事をしているのか？
   - ⇒ 常に、お客様の期待を超えることがモットー
- お客様にとってはどんな存在なのか？
   - ⇒ イメージをうまくキャッチして形にしてくれる信頼感がある存在
     スピード感をもって親身に対応してくれる、といわれる存在
- 社内の上司や後輩にとってはどんな存在なのか？
   - ⇒ 上司から、対応が難しいお客様ほど任せてもらえる存在

　だんだんと、成長した自分が働いているイメージが、頭の中ででき上がってくるはずです。今のあなた自身がどうかということは気にせずにいきましょう。これから、なりたい自分のイメージに向かっていく意識を持ち続けることで、この一日一日ですべきことがわかり、一歩一歩、自分の理想に近づいていくことができます。

　このイメージは就職活動を乗り切るための、その場限りのコトとして考えるのではなく、社会に出て自分の望んでいる未来を実現していくためにこそ大切に持ち続けたい考え方です。

あなたへの質問

> あなたはどんな人になりたいですか？
> イメージした人は、どんなことを知っていて、何ができますか？

こんな社会ができたらいいなというイメージから考える

　あなたがこれまでに生きてきた環境や、見てきたこと、聞いてきたことの中で、とくに感じる世の中の不便、不満、悲しみや、便利、快適、感動はどんなことでしょうか。たとえばその不便なところが「もっとこうなったらいいな」という想いや、「こんなふうになったらステキ」という想いから、理想の社会や環境がつくられていきます。まずはそんな理想の社会を考えてみましょう。

　あなたはその社会でどんな仕事や生活をしていたいでしょうか？　今の自分から見て、できるとかできないといったことを考える必要はありません。自由にこうなったらいいな！　という楽しいイメージを描いてみましょう。

　ここであなたがイメージしたことは、これまで経験してきた出来事や環境、感じたことと間違いなくつながっています。理想の未来を思いっきり自由に考えたら、「なんで、こんなイメージを持ったのかなあ？」とこれまでの経験を振り返ってみてください。

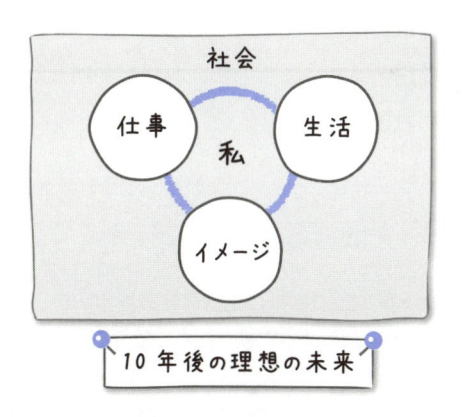

10年後の理想の未来

　どうでしょう。イメージは浮かんできましたか？　あなたが、理想の未来について考えはじめた段階では、あれかな、これかな……というキーワードが複数出てくるはずです。

　「情報」がキーワードなんだけれど、なんの情報を伝えていきたいのか、それ

とも、情報をもっと便利に伝えていきたいのか……といったように、あれこれ考えれば考えるほど、「本当にそうなのかなあ」と頭がぐちゃぐちゃになることもあります。また、やりたいことは見えてきたけど、それをかなえる手段がよくわからないということもあるでしょう。

　そんなときは、今はまだ「これだ！」と決める段階ではないのかもしれません。でも、あいまいな状態で模索していく期間があってもいいのです。あなたがカタチにしたい社会を、どんな方法で実現していこうかな？　と考えながら会社探しをしたり、説明会や選考会に行ってみてもいいと思います。

　あいまいでも、あなたが何かを意識しているのといないのとでは、同じ会社や仕事の情報に触れたときでも、受け取れるものや、目のつけどころが大きく変わってきます。

　意識によって人が受け取る情報が違うというのは、たとえば新しい携帯電話に買い替えたいと思っているときに、携帯電話のCMに目がいったり、友達の持っている携帯電話が気になったりするのと同じような感覚です。

　考えながら、企業に出合っていくうちに、もやがかかっていた道が、ぱっと晴れるときがくるかもしれません。

☕ café time　失敗経験が自分に与えてくれた意味は？

　エントリーシートや面接で、「挫折した経験はありますか？」という質問や、マイナスに感じられるようなエピソードを、あえて伝えることが求められる場面があります。

　キーワードとしては「怒られた」「衝突した」「辞めた」「選ばれなかった」「思うような結果が出なかった」というようなエピソードです。

　ただ、そんなエピソードにこそ「原因は何か？」「結果的にどう乗り越えたのか？」「自分が得た学びは何か？」「今の自分に影響を与えていることは何か？」というように振り返ってみましょう。過去の失敗や挫折経験も、今のあなたをつくっている

大切な要素です。
　誰でも失敗をしたり、計画通りに物事が進まない状況に直面することがあります。でも、それを乗り越えて得られたことが、今のあなたに活きていることがあります。

- 高校受験で志望校に不合格だった経験から、「ここまででいいかな」ではなく上限を定めることなく自分を高めていく姿勢が身についた
- レギュラーに選ばれなかった経験から、レギュラーでなくても今チームですべきことを考えて動くようになり、いつも全体を見てやるべき仕事を見つけるのが得意になった

　こんなふうに、挫折や失敗を乗り越えたときの自分や、その経験が与えている影響を考えれば、あなたの強みがまたひとつ見つかります。
　仕事でも、すべての仕事が成功するわけではありません。大切なのは失敗しないことではなく、失敗から学び、成長することです。
　過去の自分にとってはマイナスな経験を整理することで、今の自分を理解し、改めてこれからの自分の教訓や、成功のためのステップにしていきましょう。

Chapter 3

迷宮から抜け出すために自分を伝える

面接でとにかく緊張する　原因はなに？

　面接という環境は、どんな人でも多少なりとも緊張をするものですが、なかにはコミュニケーションすらままならないほどに緊張してしまう人もいます。

　頭が真っ白になってしまって、どんなことを聞かれたのか、話したのかわからなくなってしまう。そして、一度うまくいかなかったことを引きずって、どんどん面接の場で話すことに苦手意識を持ってしまうという人もいます。

　面接での緊張は、「うまくいかなかったらどうしよう」というあせりや不安によって大きくなります。

対策 → 禁止の気持ちをほどいてあげる

　面接で緊張する人の特徴として、「失敗しないようにしよう」とか、「だらだら話さないようにしよう」、「話すスピードが早くならないようにしよう」といったような「○○しないように」という面接での禁止リストをたくさんつくることが挙げられます。この禁止ルールづくりは、あなたにとってあせりのモト。どんどん自分を追いつめてしまいます。気をつける禁止リストでがんじがらめになっている人は「○○しないようにしよう」から「○○しよう」とか「○○できたらいいな」という考え方に変えていくことで、気持ちはぐんと楽になります。

　先ほどの例で置き換えると、「失敗しないようにしよう」は「うまくいったらいいな」に、「だらだら話さないようにしよう」は「シンプルに話そう」、「話すスピードが早くならないようにしよう」は「聞きやすいスピードで話そう」といったように考えなおしていくことです。

　実際に、話すのが苦手だった先輩たちの多くが、考え方を変えていくことで、面接でのコミュニケーションが上手になっていきました。

　ここでは面接本番で緊張を和らげるヒントを伝えていきます。

× 緊張しないようにしよう
禁止言葉は自分を更に緊張させる

○ 楽しく話そう！
理想的なイメージを描く

楽しく話せる！　実感を大切に

　採用が書類やペーパーテストだけでなく、時間や手間をかけてでも面接も含めて行われるのには理由があります。話の内容だけを知りたいわけではなく、話しているあなたから伝わる実感や、会話のやりとりそのものが、とても大切だからです。そこで面接では、うまくまとまった内容を話すことよりも、あなたらしい、とびきりいい表情で話せることを大切にしてください。

　就活生とお話ししていて、趣味や好きだったことのテーマになると、びっくりするほどイキイキとした表情に変わる話題があります。それはもう、傍から見ていると別人なくらいです。そのときの表情は本当に魅力的で、聞いている側にも、言葉以上の想いが伝わります。

　また、少しでもその人のスイッチが入るテーマに話が及んだ途端に、自分の考えや想いが止まらないということあります。そのときの話は、頭であれこれ考えていない、本当にその人の実感がこもっているものです。どんどん心から言葉がわいてきて、「こうしたい」とか「こうなっている状態ってサイコー！」という想いが出てきます。

　この"熱くなれるテーマ"と会社や仕事が結びつくとき、面接でのマニュアルやテクニックは一切必要なくなります。楽しく、あなたの想いを自分の言葉で伝えていきましょう。

　話しはじめると、あなたが思わず熱くなってしまう、興奮するテーマはなんでしょうか？　そのテーマにこそ、あなたが社会でイキイキと働くことで貢献できるエネルギーが満ちているはずです。

自分と周りの応募者の合否は無関係だと思う

　「特に集団面接のときに緊張してしまいます」という人も多いです。周りが話すことで自分のペースを乱されてしまったり、周りの人が話す内容と比べて落ち込んでしまったりするようであれば、それはまだ、自分らしい特性について自信

を持てないことに原因があるのかもしれません。

　自分らしさを理解し、それを認めることができていれば、周りがどんな能力を持っていたとしても、「自分は自分！」と考えて、面接の場に自信を持って存在することができるはずです。

　たとえば、集団面接で、隣の人と学生時代に力を入れたことについてのテーマがほぼ同じように感じてしまうことがあるかもしれません。「隣の人も居酒屋でアルバイトリーダーをした話だ！　かぶった！」といったように。こんなとき、自信がない人はあわててテーマを変えようとしてしまいますが、その必要はまったくありません。同じテーマでも気にせず、自信をもって話しましょう。

　そもそもテーマが同じでも、あなたの経験した出来事や、関わった人たちは、間違いなく世界でたったひとつの組み合わせです。

　たとえ、あなた以外の誰かがまったく同じ状況に置かれたとしても、その経験をする人が違うのですから、その状況で発揮される能力も、その経験から学ぶこともまったく違います。同じ映画や小説を読んでも、受け取り手によってさまざまな感想があるのと同じです。

　なにより面接の場面では、話す雰囲気から伝わるあなたらしさという印象が加わるのですから、あなたの話すことは自信をもって世界にひとつ、あなただけのものです。つまり

| 環境×関わる人×能力×あなたの実感×話し方＝世界にひとつの組み合わせ |

ということになります。

　同じ面接を受けている人が、超有名大学出身の人ばかりだったり、全国大会で優勝するような実績を持っていたり、ものすごく話が上手だったりすると、自分なんて、自分なんて……と、どんどん小さくなっていって、緊張してしまう人もいます。隣の人の話が素晴らしく聞こえて、どんどん自信がなくなるときは、「隣の人が面接に通過するかどうかは、自分の結果には関係がない」といいきかせる

ようにしましょう。

　いろいろな就活本にも、「周りは関係ない」とか「味方だ」と書かれていますが、集団面接で周りの合否は、あなたとは本当に関係がありません。

　実際に面接官の立場からすると、グループ面接の段階では最終面接でもない限り、内定の可能性のあると思われる人は通過させるからです。だから、あなたがすごいと思った人も選ばれるかもしれないけれど、あなたも一緒に選ばれればいいのです。

　ですから、隣の人が面接に通過する、しないは、あなたにとって関係がないし、むしろ、周りの人を気にしすぎて、あなたの調子が狂ってしまうことのほうが、大問題なのです。

　また別の考え方としては、最終的にその隣にいる「優秀に見える人たち」と相対評価されるのであれば、それは一次面接でも最終面接でも、どこの場面で遭遇したとしても同じなわけです。だから、初めに強豪とあたるのはラッキーというとらえ方もあるでしょう。

　ひと並びになって同じテーマで話すことが多い集団面接。周りと比べてしまう気持ちはよくわかりますが、あなたはいつもどおり、自分のペースで自己ベストを尽くすことだけに集中。それが一番です。

事前の準備があれば本番も安心

　聞かれたことに対して、その場でパッと答えるのが苦手なので、何が聞かれるのか心配で心配で……と、すごく緊張してしまう人がいます。こんな人は、面接で聞かれそうな質問をリストアップして、一つひとつどのように答えるか考えておくのがおすすめです。

受験でも、志望校の過去問対策をしたことのある人は多いでしょう。また社会人でも、大事なプレゼンの前には、想定問答の対策をしたり、本番のリハーサルは欠かせません。

面接でよく聞かれる一般的な質問のほか、OB・OG訪問、インターネットや大学にある先輩の面接体験記などから、あなたが応募する会社で過去に聞かれた質問の情報を探すことはそう難しくはありません。こういった質問に対する答えを準備しておくことで、面接で想定外の質問をされることが減って、落ち着いて答えられる質問が増えてきます。

基本的な受け答えをポイントだけでもきめておくことで、面接での緊張感が減って落ちついて話せたという体験はとても多いです。うまく受け答えができる体験が増えていくと、それが自信にもつながってきますよ。

一次面接で不合格になることが多い 原因はなに？

あなたが、面接が通過しないことを悩みに感じているなら、不合格になってしまうことが多いのは一次面接でしょうか？ それ以降の面接でしょうか？ 面接を15社ほど経験すると、ある程度の傾向がつかめるようになります。

あなたが受けている会社が、エントリーシートや筆記試験に加えて、グループディスカッションや面接での選考を3回くらい行うという、よくあるタイプだった場合、各選考のステップで会社が判断することはおおよそ似通っています。

まず一次面接では、印象も含めた基本的なコミュニケーションが判断のポイントになります。

- 相手が何を質問しているのかしっかり理解できている
- 相手に自分の話をわかりやすく適切な量だけ伝えられる
- 状況に合わせられる（いわゆる空気が読めるという感覚）

これらは、聞く、話す、場の状況を理解するということです。まずはこの基本がクリアできたうえで、会社に合う印象かどうかといったことや、他の応募者に比べて仕事への適性がありそうかという判断をしていきます。
　このステップでは、「悩んだときは合格」つまり、「少しでも可能性がある場合には、次の面接に合否の判断を任せる」ということになります。

　面接で説明する内容を丸暗記して、とにかく全部話しきることに一生懸命になってしまうと、このどんな面接でも選考のポイントになっている「基本的なコミュニケーション」がとれない人という印象を持たれたり、「すごくたくさん話してくれたけど、何だかよくわからなかった」と感じられることになってしまい、苦戦します。この場合は、模擬面接をしてフィードバックをもらえばすぐに原因がわかります。
　しかし、なかにはしっかりとコミュニケーションがとれているのにも関わらず、不合格が続くタイプもいます。そのタイプとは、「第一印象と内面に大きなギャップのある人」です。第一印象で誤解を受けたまま判断されていて、内面の魅力が伝わりきっていないというパターンです。
　私がこれまで会ってきた就活生にも、いろんなケースがありました。

- おっとり、ゆったりして見えるけれど、実は、常に先を読み、てきぱきとしていてスピード感がある
- 優しく、ちょっと気が弱い印象に見えるけれど、実は、厳しい指導にも打たれ強く耐え抜き、ノルマを達成する意欲も高い
- 協調性がありそうな反面、受け身にも見えるけれど、実は、とても自立心があり、理想を実現するために周りから協力を得るのが上手

一次面接では、自分のことを話してアピールできる時間はごくわずかです。ですから、簡潔に受け答えをすることと、あなたが相手に与える第一印象を知っておくことが、面接の場に臨む時に、特に大切なポイントです。

対策 ➡ 面接官の視点から、自分を見つめてみる

　面接でのコミュニケーションで大切なことは、常に相手の視点に立つことです。話すことに一生懸命になりがちな人は、面接官がどんな意図でこの質問をしているのか、面接官から自分がどう見えているのかということを想像してみましょう。コミュニケーションは、「話しきる」より「伝わる」ことが大切です。

　面接官の質問の意図を理解することで、相手が求めているポイントをおさえた答えを、相手のペースに合わせて話せるようになります。

　また、相手から見た自分を意識することで、印象に気を配ることができるようになります。第一印象と自分の内面にギャップがある人は、話の内容でそのギャップを埋める必要があることがわかってきます。

　そこで、あなたが初対面で相手に与える印象を知りつつ、自分が持っている強み、つまり「できること」を理解しておくという下準備するようにしましょう。

いちばんの自分でその場にいますか？

　面接で、話の内容と同じかそれ以上に成否を左右するのが"印象"です。あなたが面接の場で、面接官と対面したときに、面接官の髪型や表情、服装、話し方から、その人に対して何らかのイメージを持つと思います。それと同じように、面接官も全体のイメージから、あなたに対して何らかの印象を持って、さまざまなことを判断しています。そのときにあなたは面接官からどのような印象を持たれているでしょうか？　面接官も一人の人間です。あなたは「一緒に働きたいなあ」と思われる印象を相手に与えることを意識できているでしょうか？

面接が終わった後で、面接官同士が「履歴書の写真と、全然印象が違ったなあ。もう少し髪型とか……整えられないものかね」とか、「ずっとシャツの襟が出てたけど、気づいていないんだろうね」なんて会話をすることがあります。
　スーツを着て、髪を結んで、メイクをしたら、面接前にもう一度全身をチェックしましょう。今のあなたは、相手から見て違和感がないか、よい印象を与えているかという視点を持つことが大切です。
　面接はお互いの出会いの場です。あなたが、好きな人とはじめての二人きりのデートをするときは、「相手好みの服装ってどんな感じかなあ」とか、「どんな雰囲気に見せようかな」と考えて、会う直前にも鏡でチェックしたり…ということがあるのではないでしょうか？　それくらい気合いを入れて本番に臨めば、相手にもとっても素敵な印象を与えられるでしょう。
　業種や企業によって面接の雰囲気は異なりますが、どんな企業であっても、少なくとも"清潔感"は大切でしょう。明らかに強い香水の香りが漂ったり、髪から後れ毛がはみ出していたり、ちょっと匂うなあという人もいたりします。あなたという人の印象がほんの少しの時間で決まってしまうステージでは、相手に映る自分はどんなだろう？　という、ちょっとした感性を大切にしましょう。

面接でホームラン狙ってない？

　次は話し方についてです。面接でうまくコミュニケーションがとれないと思われてしまう人の特徴として、「とにかく暗記した言葉を、話し終えるまで言いきってしまう」ということがあります。
　たとえば、「簡単に自己紹介をお願いします」と言われたらスイッチオン。自分の名前からはじまり、学生時代にどんなことに取り組んだのかという詳しいことからそこで学んだことまで丁寧に、まるでエントリーシートを一言一句逃さずナレーションするように語ってしまう。その時間なんと３分。あなたがたくさんのことを伝えようとしても、盛りだくさんの内容では面接官の頭には途中までし

か残らず、結果たくさんのことが抜け落ちていってしまいます。
　そこで、面接では次のポイントを意識するようにしましょう。

① **結論から話す。理由や具体例はそのあとで**
　質問に答えているつもりが、途中で「あれ、何の話してたんだっけ？」となってしまう人がいます。これは、感情のやりとりを楽しむ、いつものおしゃべりのスタイルで話をしてしまうから。目的に対して答えていくというコミュニケーションに慣れていないことが原因です。
　普段の友達とのおしゃべりは、相手の話に「わかるー！」と共感し、何気ない出来事や話しながら思い出したことを、お互いにどんどんつなげていくような調子で進んでいるのではないでしょうか。いつもの友達同士のおしゃべりには、ほとんどの場合、はっきりとしたテーマや何か結論を出すという目的はありません。
　一方、面接の質問には意図があり、何かを確認したり判断したりするという目的があります。ですから面接の場では、質問に対してなんとなく思いつくことから話しはじめるのではなく、面接官にまずは「結論」を伝えるようにしましょう。そのあとに詳しい内容や理由を話すことで、面接官は、結論を前提に話を聞くことができます。結果的にそのほうが聞きやすいですし、あなたも、自分の話がどこに向かっていくのかということを見失うことなく、簡潔に話すことができます。相手にあらかじめ目的地を伝えたうえで、ドライブを楽しむような感覚です。そのほうがあなたも道の途中で迷子になりませんよ。

② **伝えたいことのポイントは多くて３つ**
　面接で１から10まで話そうと、内容を詰め込みすぎてしまって、面接官の脳内キャパシティーを超えてしまうほど話す人もいます。たくさんのことを残らず話そうとすると、どうしても内容を丸暗記しなくてはいけません。丸暗記した、とにかく長い文章は、話すときに棒読みになり、聞き手からするとまったく頭に

入りません。かえって聞きにくくなってしまいます。

　面接の受け答えでは、話のポイントを、多くて3つ程度に絞って伝えるほうが、結果的に相手に伝えたいことが伝わります。

　答える内容を前もって考えておくときでも、話したいことを文章で丸ごと覚えるのではなく、大切なキーワードのみ覚えるようにしましょう。実際に話すときは、キーワードを思い出しながら、その場で言葉を選んでつなげていきます。過去のエピソードを話すなら、そのときの光景を思い出しながら話すようにすると、自然と相手にも伝わりやすくなります。

　会話のキャッチボールとはよく言ったものですが、ポイントを絞れば、そのポイントが相手に伝わり、今度は相手がそのポイントについての質問をしてくれます。その質問に対して、またポイントを絞って伝えていく、これがキャッチボールです。とにかく言いたいことや事実を全部言いきる！　という姿勢では、まるで相手の投げたボールに対してホームランを打とうとしてしまうのと同じです。たしかに試合なら大歓迎ですが、面接はキャッチボールです。相手がボールを見失わないように、受け取れる球を返すようにしましょう。

周りから見たあなたはどんな人？

　一次面接ではよく「周りから見たあなたはどんな人ですか？」という質問をされます。面接官は限られた時間の中で、緊張状態にあるあなたと話して、そこから普段のあなたを理解するという、かなり難易度の高いことをしています。たくさんの応募者との面接経験がある面接官だったとしても、占い師でも探偵でもないのですから、普段のあなたをしっかり透かし見るのは難しいことです。

　そのため、普段、あなたが周りからどのような評価を受けているかということを聞くことによって、日常で発揮されているあなたらしさを確認しているわけです。

　ところが、普段の自分について急に聞かれると、案外答えられなかったり、「天

然ボケだと言われます」など、自虐的な印象を与えるような言葉しか思い浮かばない人もいます。友達同士で、あらためて面と向かってお互いの印象を言い合う機会なんて、そうないかもしれません。でも、周りから自分がどう思われているのかをよくわかっていなければ、面接で普段のあなたらしい魅力を伝えるチャンスを逃してしまいます。

　そこで、この就職活動の機会に、いつも近くであなたに接している周りの人たちが、あなたに対してどのような印象を持っているかということを聞いておきましょう。そのうえで「客観的に見た自分」をうまく面接官に説明できるようにしておきます。

　また、たいてい「周りからどんな人だと思われているか」という質問のあとには「なぜそのような印象を持たれているのか」という説明も求められます。あなたが、日頃のどんな行動からそのように思われているのかも説明できるようにしておくといいでしょう。

あなたへの質問

あなたは周りからどんな人だと思われていますか？
周りから、そのような印象を持たれるのは、なぜですか？

思い入れの強さで隠されている才能がある

　見た目の印象と、自分の内面とのギャップという話に関連して、もうひとつ苦戦する人にありがちなケースを紹介しておきましょう。

　それは、学生時代に力を入れたことを話したときに質問されることが多い「その活動で大変だったこと」の選び方です。そもそも面接官は、なぜ「大変だったこと」を聞きたがるのでしょうか？　それは、あなたが大変なことに直面したときに、どのように考えて乗り越えたのかという経験を聞くことで、あなたの考え方や行動姿勢、強みを理解したいと思っているからです。これから仕事で困難に出合ったときに、あなたが持っている考え方や能力を発揮して乗り越えてくれそうなイメージがわくと、頼もしく感じられることでしょう。

　しかし、なかには面接官が聞きたい「大変だったこと」と、自分が説明している「大変だったこと」が大きく食い違っている人がいます。面接官が期待している大変だったこととは、「客観的に考えて、ハードルの高いこと」なのですが、それよりも「苦手分野なので、気持ちの面でハードルが高かったこと」を中心に話をしてしまうというケースです。

　厳しい環境が当たり前だったり、辛い仕事も平気でこなせている人ほど、なかなか自分では、客観的に見るとスゴイ！　ということに気がつきにくいものです。

　その結果、自分が印象深かった、苦手分野に立ち向かったことだけを話してしまうことがあります。じっくり聞いてもらえる面接であれば、「えっ！　そんなこともあったの？」とわかってもらえることはあります。しかし、短時間の面接

迷宮から抜け出すために自分を伝える Chapter 3

では「大変だったこと＝客観的にハードルが高いと思われること」という視点を大きく外していると、あなたの強みをわかってもらえないまま、弱点だけを披露することにもなりかねません。

> **ものすごいエピソードが隠されていたツバサさんとヨウコさんの話**

　自分からはあえて話をしないけれど、客観的に聞くと「その出来事を話さない手はないでしょう！」というエピソードを持っている人は本当に多いものです。ここでは二人のケースを紹介します。

　ツバサさんは、面接で茶道部の活動について、よく話をしていました。その活動で大変だったこととして、人見知りの自分がお茶会のときに人前で話したことを挙げていました。ところが、ほかにツバサさんが部活動で取り組んだことを聞いていくと、お茶会の準備のときに、みんながめげてしまうような膨大な量の挨拶状書きを、たった2日間で見事にやりきっていたというのです。やるべきことに常にまじめに取り組み、単調な作業でも集中力を切らさず、締め切りまでにやりきるというツバサさんの強みは、これまでの面接では一切話していませんでした。

　ヨウコさんは、面接ではオーケストラ部の活動をテーマに話していて、大変だったこととして、演奏グループ内のモチベーションを高めることの苦労話を語っていました。

　しかし、実はヨウコさんの所属していた団体は、日本でも有名な大学オーケストラ部であることはもちろん、ヨーロッパ中の有名な会場に遠征して、演奏会をするような伝統あるハイレベルな団体だったのです。世界のステージで演奏をするほどのクオリティが求められる練習で、メンバーを率いるリーダーシップと、緊張するステージで最大限のパフォーマンスを発揮してきたことは、ヨウコさんの話ではまったく重点を置かれていませんでした。

自分と周りの認識のギャップを埋めていくためには、あなたの活動の内容をまとめたうえで、周りの人から見ると、どの部分が大変そうだと思われるのか、意見を聞いてみるのもおすすめです。自分では当たり前に感じることが評価されることもあります。

　客観的に見て、あなたの取り組んできた活動の中でハードルの高いことは何でしょうか？　それはあなたが面接で話していることとギャップはないですか？

二次面接以降が通過できず、不合格が続く　原因はなに？

　一次面接は通過するのに、二次面接以降になるとうまくいかない、または最終面接で連続して不合格になってしまって、何が原因なのかわからない……という人。次第に内定までの期待が高まってくる段階での不合格は、どんな人でも冷静ではいられないですよね。

　一次面接では、コミュニケーションの基本的な能力が判断のポイントになるというお話をしましたが、二次面接以降では会社と合うかどうかがより深い部分まで判断されます。

> ●会社、仕事を理解していて、その仕事へのモチベーションが高い
> ●ほかの応募者と比べても、仕事への適性が高い
> ●企業風土と本人の価値観や雰囲気が合い、違和感がない
> ●企業が期待することと本人のキャリアの志向が合い、成長が期待できる

　といったようなことです。つまり、あなたがその企業で働く理由があるかどうか、その企業そのものや仕事に合うかどうかという、より具体的な部分をすり合わせていくことになります。

　一次面接を通過することが多いということは、印象や基本的なコミュニケーシ

ョンのレベルはクリアできているということです。しかし、やりたいことや、企業や仕事への理解があいまいだったり、合わないと感じられる場合、「当社である必要がない」と判断され不合格になってしまうのです。

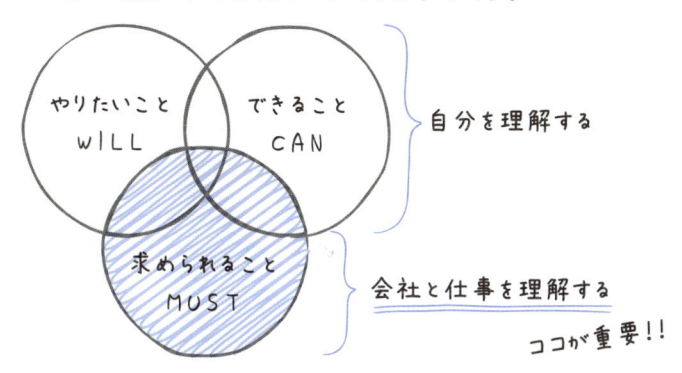

やりたいこと WILL
できること CAN
求められること MUST

自分を理解する
会社と仕事を理解する
ココが重要!!

対策 ➡ 企業の仕事を知り、自分の強みをどう活かせるのか考える

　一次面接は通過するのに、二次面接以降まったくうまくいかない…というときは、あなたがこの会社や仕事を選んだ理由をもっと具体的にしてみましょう。
　その仕事の大変なところはどんなことで、自分の経験や強みでどのように乗り越えられるのか？　自分がその企業で働いたら、どんなやりがいをもって働けるか？　自分はどのようにキャリアアップしていきたいのか？　といったような質問にも答えられるように、企業や仕事について下調べをしていくといいでしょう。そして、今ここに挙げたような質問を、自分の言葉で人に伝えられるようになってから、面接の場に臨みましょう。

好きなことを仕事にするときは働くことも想像してみよう

　毎年、女性の人気が高い業界としては、食品や文具、化粧品、旅行会社などが挙げられます。自分が好きな分野が興味のきっかけになり、やりたいことにつながるのは自然なことです。しかし、好きなものを仕事にしたい人は「好きなものに囲まれて働きたい」とファン目線のままの状態で、仕事としての理解を深められていないことがあります。消費者としてその商品を楽しむことと、その商品を提供する側になることとは、まったく別のことなのです。だからこそ、そんな仕事のことを「知っているつもり」になってしまうと、イメージと実際の仕事のギャップが大きく、面接でも苦戦します。

　たとえば、お菓子が好きで「私が美味しいお菓子を子供たちに届けて子供の笑顔を見たい！」と考えて、お菓子メーカーをめざしたとします。

　しかし、お菓子メーカーの役割は消費者に直接商品を販売することではありません。たとえば営業職についている多くの社員は小売店のバイヤーに商品を売り込み、自社の商品を売り場に展開してもらうのがミッションのひとつです。

　消費者として身近な商品を扱う業界を希望している人ほど、仕事で求められる成果はどんなことで、お客様は誰で、どんな人に向いているから自分に合うと思っているのか？　という視点がとてもあいまいなまま面接に臨んでしまうことが多いものです。これでは、本当にこの仕事に情熱を注ぐことができるのだろうか？　イメージと違ったといって辞めてしまわないだろうか？　と会社側は不安を感じてしまいます。

　「商品やサービスは知っているけれど、働くという意味では仕事の内容について理解できていないかも」と思った場合には、具体的な仕事の内容を研究してみましょう。仕事のリアルな部分を知ったうえで、やっぱりこの仕事に挑戦してみたいと思えるなら、そのときのあなたは、確かな覚悟とやりがいを相手に伝えられるはずです。

あなたへの質問

あなたの希望する仕事では、どんな成果が求められますか？
取引先・お客様は誰ですか？
その仕事で大切なポイントはなんですか？
あなたのどんなところがその仕事に向いていると思いますか？

仕事で求められる姿勢や意識、どこまで答えられますか？

　二次以降の面接では、「当社について、家族や友人に紹介するとしたら、なんと説明しますか」とか、「この仕事について、あなたの理解していることを説明してください」、「この仕事で大切なことは、どんなことだと思いますか」といった質問をされることがあります。漠然とした憧れやあいまいな理解だけで面接を受けていると、「？？？」といった状態になる人も多くなるような質問です。そのため結果的に、どんな仕事にもあてはまるようなあたりさわりのない内容を答えてしまうという状態に……。

　そのほか、「この仕事の厳しさについて理解していますか？」といったような質問の仕方もあります。これも同様で、仕事のリアルな部分を知らなければ、答えに詰まってしまいます。

　この状態は、面接官からすると不安要素になってしまいます。仕事の理解が浅いということは、あなたのイメージと実際の仕事のギャップが大きいという可能性が高いからです。

　仕事の実態を知る場として、インターンシップや先輩社員との交流の機会を設けてくれる企業も多いです。お気に入りの企業のセミナーに参加する回数を増やすことに情熱を注ぐ人がいますが、ただ参加記録を増やすことにはあまり意味がありません。質問することを考えていったり、自分の知りたい仕事に合わせて話を聞く人を選んだりするなど、主体的に情報を吸収しにいきましょう。そうすれ

ば、話を聞く場や体験できることが増えるほど、会社や仕事の理解が深まってきます。

　また、仕事への興味や理解度を知る方法として、応募者側から企業に質問する「逆質問」という選考の方式を取り入れている企業もあります。「質問が思い浮かばないのですが……」とか、「どんなことを質問すればいいですか？」という相談もよく受けますが、この質問の場こそ情報収集のチャンスです。自分の興味のあることのほかにも、"好きな人の好みを知るためのインタビュー"だと思ってたくさん吸収してしまいましょう。

　もしあなたに好きな人ができて、その人とつき合うための好みを知りたいと思ったら、あなたは何を質問するでしょう。「趣味はなんですか？」とか「どんな人がタイプですか？」、「彼女に求めることはなんですか？」といったような質問をしたくなるのではないでしょうか。これは会社に置き換えると、「接客で大切にしている考え方はなんですか？」とか、「新人にどんなことを求めますか？」といったことになるかもしれません。

　ポイントは、実際に自分が働くうえで、誰とどのように仕事をして、何が求められ、どんな意識で働くのかということを具体的にイメージできるようになるまで質問することです。パンフレットや採用サイトではわからない生の情報を聞き、心に残った言葉や印象に残ったことがあれば書きとめておきましょう。

将来のビジョンは「一通り仕事ができて頼られる人」でいいの？

　二次面接や最終面接では、「5年後、10年後どうなっていたいですか？」というように、未来についてよく質問されます。そんなとき、あなたは「えーと、仕事を一通りこなせるようになって、お客様や上司から信頼されて、周りから頼られるような人になりたいです」と答えていませんか？

　このような答えは、面接官をちょっと……、いや結構がっかりさせます。なぜ

なら「当社である必要性がそこには感じられない」からです。

　企業はこれからもお客様の期待に応え続けるために、未来を担う新入社員を育てることに対してかなりの投資をしていきます。あなたが仕事について勉強する研修期間にも、毎月お給料は支払われますし、パソコンや会社設備などのさまざまな費用や保険などを考えた場合、3年間の投資だけを考えても、きっと1,000万円はゆうに越えてしまいます。さらにその後の数十年を考えれば、億単位のお金を会社はあなたに投資します。新卒の採用活動とは、それほど企業にとっては大きな未来への投資なのです。

　しかし、肝心のあなた自身に、その企業で特にめざすことがなかったりすると、企業にとっては未来への投資がどうにも心細いものになります。

　面接官側の不安を想像してみてください。どんな仕事でも、スイスイ楽にこなせてしまうことはないでしょうから、「仕事でがんばり時に、山を乗り越えきれずに簡単にリタイアしてしまうのでは？」「もし、これからまさにエースとして力を発揮してもらおうというときに、"そもそも本当にやりたいのはこんなことではなかった"と辞めてしまうのでは？」といった不安がよぎります。

　だからこそ、少なくともあなた自身にこうなっていきたいというイメージがあり、それに対して確かにウチの会社なら、そのイメージを実現するための道のりを進んでいけそう、という納得感が大切になってくるのです。

　あなたが、将来こうなっていたいというイメージが具体的にあれば、それに合わせて、入社してやりたいことや、こんなキャリアがいいかな？　ということも具体的になってきます。自分がそのキャリアステップを具体的にイメージできれば、そのイメージは面接官にもきっと頼もしく伝わります。

　とはいっても、今ここで、あなたの未来を100％確定して！　と要求されているわけではありません。仮決めでもいいので、将来のビジョンを描いてみましょう。そうすると、あなたにも面接官にも、あなたが仕事でめざすビジョンに向かって成長し続けていくイメージがわいてきます。

ラストステージでの覚悟と確信

　何度か会社に足を運び、これで合格なら内定！　と気合の入る最終面接。ここで不合格になるとかなりのダメージを受けてしまう人は多いです。

　最終面接前までのステップとしての面接と、最終面接には、決定的な違いがあります。それまでは、不合格になる理由がなければ通過しますが、最終面接は文字どおり最後のステージですから、"合格にする理由"が必要になるのです。

　つまり、あなたは相手に対して「採用の決め手」を渡す覚悟で臨む必要があります。だからこそ、相手が求めていることを、的を外すことなく理解していて、自分はその期待に応えていける人材だ！　と確信をもって伝えていくことが大切です。

　この会社で働く覚悟や、貢献したいという熱意は表情や話し方、内容など、いろいろな要素によって相手に伝わっていきます。面接官はあなたにとっての働く意味や、どんな社会人になりたいかを質問して、あなたに社会や会社に対して貢献する心構えがあるかどうかを確認していきます。そのうえで、「会社の方向性に合っていて、共に働く仲間として未来をつくっていけるか」を見極めていくのです。漠然とした質問ですが、だからこそ働く心構えがしっかりできているかどうかによって、内容に差がつきやすくなります。

　あなたに、まだ目の前の企業に対して何らかの迷いがあるとき。それが相手に伝わってしまった場合には、保留となったりご縁がないという結論になることもあります。しかし、それはそれで、今の自分には必要な結論だなという気持ちで受け止めてください。あなたの覚悟があいまいなままで、進路が用意されるより、自分でも決めきれる状態で、結論が出るタイミングをあせらず待ちましょう。

　それから、最終面接には、合格するというイメージで臨むことも大切です。最終面接をいい状態で迎えるためには、「だめかも…」という不安な気持ちは逆効果です。面接の雲行きがあやしくなってくると、「ほーら、やっぱりダメだった」

と、調子が出なくなってしまう可能性があるからです。だからこそ、最終面接の場では「自分は内定が出て、この会社で活躍できている」というイメージをもって話ができるくらいでいたいものです。

　もちろん、イメージさえすれば大丈夫というのではなく、「この会社で活躍できている自分であれば、これくらいのことを聞かれても話せるだろうな」というテーマについては事前に考え、整理をしておきます。

たとえばこんなテーマで考えておこう

- 業界の今後（市場の変化、トレンドなど）
- 会社の今後（5年後、10年後）、その中で自分はどう活躍していたいか
- 仕事に取り組むうえで大切にしたい心構えや行動
- 他社と比較して、この会社が自分にとって最高だ！　と思うところ
- 最近気になるニュースと自分の考え

　こういった質問は、その場で急に考えて答えるのが難しいので、事前に調べたり、考えたりしておきましょう。

　エントリーからはじまった、ひとつの会社との出合い。しかし、最終面接までたどりつく人はごくわずかです。あなたが、これまでの生い立ちで育んだ興味や価値観、また、あなたの人生にこれまで関わってくれた人たちが与えてくれた経験が、ここまでつながって今、目の前の会社との出合いに導いてくれました。

　そんなこれまでの環境や経験に感謝して、自分の過去、現在、将来を楽しく話しきってしまいましょう。もちろん、謙虚な気持ちも忘れずにね。

さて、あなたが感じている壁を乗り越えるヒントはどこにあったでしょうか？自分の苦戦の原因が理解できていないと、自分ではがんばっているつもりでも、見当違いの努力をしていることがあります。がんばってもがんばっても、目に見える結果がついてこないため、先に進むためのエネルギーが切れてしまいます。

　また、あふれる情報やうわべのテクニックにあれこれと手を出して、頭でっかちになってしまい、以前より状態が悪くなってしまう人もいます。あれこれ手を出すよりも、自分が今、乗り越える壁を理解して、その壁を乗り越える方法に集中しましょう。このほうが、自分のエネルギーのロスが少なくて、気持ちを消耗することなく前に進んでいくことができますよ。

☕ café time　面接官と就活生にギャップが大きい3つのシーン

　面接ではよくあることなのですが、就活生が戸惑ってしまいよく相談を受けることについて話しておきたいと思います。

シーン1：面接官にどんどん突っ込まれて圧迫に感じた

　面接の場で、あなたの話について「なんで〇〇しなかったの？」とか、「それ以外に、〇〇という選択肢は考えなかったの？」と、とった行動や考え方について深く突っ込まれていくことがあります。そうなると、なんだか否定されたり尋問されたりしているようで、怖く感じてしまうかもしれません。圧迫面接だったと思ってしまうこともあるでしょう。

　でも面接官は、あなたに可能性を感じていたり、興味を持てば持つほど、あなたの答えに対してさらに深く質問をしたくなるものです。厳しい突っ込みが入ってきたときは、自分に興味を持ってくれているサインだと思って、落ち着いて余裕をもって答えていきましょう。

シーン2：面接官と楽しく話せたのに、不合格になってしまう

　なんだか和やかな面接だったので「これはいい感触かも」と思っていたら、不合

格の通知が届いた。「えー、なんで？」ということがあります。

　面接では、あなたという人材を企業にプレゼンテーションする場です。そこは、常にあなたという人がどんな人で、応募先の会社や仕事にどのように貢献できるのかという具体的なメリットを伝える場であることを忘れてはいけません。あなたをリラックスさせて話しやすい雰囲気づくりをしてくれる面接官もいますが、面接は楽しく会話する中にも、相手に自分の魅力を伝えていく場だということを考えて、その姿勢を持ち続けるようにしましょう。

シーン３：面接官からの話がほとんどで、自分の話す時間が全然なかった

　面接は、あなたがプレゼンテーションをする場であると同時に、企業側にとっても、あなたに更に企業のことを深く知ってもらい、魅力を感じてもらうための場でもあります。そこで、あなたが魅力的な人であるほど、企業の想いや将来性をより詳しく説明するなど、面接官からの話が増えることもあります。もっと企業を知ってもらおうとアピールされることだってあります。

　面接の場で、面接官からの仕事や企業の将来についての説明が増えてきたときは、自分がアピールすることばかりにあせらなくても大丈夫。面接官の話に興味をもって耳を傾け、その会社への理解を深めていきましょう。お互いを理解し合う場になるのが理想的な面接です。

Chapter 4

さあ、あなたのステージを探しにいきましょう

世の中には、まだまだあなたが知らない仕事だらけ

　ここまで読みすすめてきたあなたは、自分がワクワクすることや、大切にしていること、自分では気づいていなかった才能があるのかも……、いや、あるんだ！ということがきっとわかってきたはずです。

　こうなったら、じっとしているわけにはいきません。あなたがやりがいを感じつつ働くことができて、かつあなたの才能が役に立ち、喜ばれるという相手探しをしていきましょう。社会はあなたがまだ知らない会社、仕事であふれています。これからの出合いが本当に楽しみですよね。

　文系学部の人を中心に、世の中には営業と事務の二択だという決めつけが仕事探しの壁になっている人もいます。そのため、ここで少し仕事の種類についても触れておきましょう。

さあ、あなたのステージを探しにいきましょう　Chapter 4

　営業は辛そうだからやっぱり事務職かなあという消去法の気持ちから就職活動をしている人もいますが、きちんと調べてみると、社会にはたくさんの仕事があり、営業か事務かという二択で分けることなどできないということがわかります。
　厚生労働省が、公共職業安定所（ハローワーク）での職業相談に使用する職業分類は、なんと17,209種類あります（2011年度）。洋菓子製造工といった職種から、漫才師といった職業まであります。事務系職種だけでも534種類、さらにそこから細かく総務系の仕事としても次のような職種に分けられています。

厚生労働省が示す職種の例（総務系の仕事）

- IR（インベスター・リレーションズ）係
- 会社アナウンス係
- 株式事務員
- 気送管係
- 校正事務員
- 広報アシスタント
- 広報係事務員
- コンプライアンスオフィサー（法令遵守責任者）
- 社内報編集員（自社）
- 渉外係（広報事務）
- 庶務係事務員
- 助役（鉄道駅）
- 総務係事務員
- 図書館事務長
- PR事務員
- ファイリング事務員
- 文書受付整理事務員
- 文書係事務員
- 翻訳係

　「具体的にやりたい仕事をこのリストを一つひとつ調べて選んでいこう！」ということがいいたいわけではないのですが、仕事の世界にもっと可能性を感じて、興味を広げてみることをおすすめします。これまで、あなたがあまりにも仕事に興味をもてなかったり、消去法で企業を選んだりしているとしたら、あなたの見ている仕事の世界はかなり偏っていたり、狭くなってしまっているかもしれません。

社会にあるたくさんの仕事や、仕事を楽しんでいる人の想いに興味をもって目を向けていくことで、きっとあなたの見える世界は大きく変わっていきます。
　もちろん、同じ営業でも、取り扱う商品・サービスや営業する相手、仕事の範囲によってスタイルはまったく異なります。たとえば、すでにつき合いのある取引先に自社の新しい商品を提案する仕事も、まったく新規のお客様にアポイントをとって要望をヒアリングしてサービスを提案していく仕事も、同じ「営業」と呼ばれます。しかし営業スタイルが違えば、求められる能力も、やりがいを感じることもそれぞれ違います。事務でもその仕事の内容には幅広い種類があり、営業と同じく、求められる能力やキャリアステップは大きく異なります。
　いろいろな仕事を知ったうえで、結果的にこれまでと同じ仕事をめざすことになったとしても、「Aが苦手なのでBで」でと考えていたところから、「AではなくBがいい」という姿勢で考えられるようになれるならOKです。そうなることで、これまでとは違った志望理由が話せるようになったり、そもそもイヤイヤやっていた就職活動が、楽しい気分で進められるようになるかもしれません。

視野を広げたら、事務以外にやりたい仕事が見つかったマキさんの話

　はじめて会ったとき、事務職を希望していると話していたマキさん。事務がいいというよりは、営業は辛そうだから……という気持ちで就職活動をしていました。しかし、事務でこんなことがしたいと伝えられることがなく、なかなか結果に結びつかない時期が続きました。
　そんなときにマキさんが見つけたのが、CAD（コンピュータを用いた設計）を使って車や電化製品の設計をする仕事。CADオペレーターという職種です。実は彼女、昔からものづくりに興味がありました。高校時代には、理系コースを選択しようかとも考えていたけれど、その当時は同じクラスの女子

がみんな文系に進むこともあって、結局、理系コースの選択をあきらめて、大学も文系学部に進学していたという経緯がありました。就職活動でもマキさんは、文系の自分がものづくりに直接的に関わる仕事はできないと考えていました。しかし、今回出合った会社の仕事では、大学での専門知識がなくても、入社してからCADの操作を学べる環境があり、さらにはCADオペレーターから製品の設計者になれるキャリアの可能性もあることがわかりました。

　これまでに比べて、どんな仕事がしたいかということや、将来なりたい姿もはっきりイメージできるようになったマキさん。見事にやりたい仕事を発見するきっかけをつくってくれた会社に内定しました。

新卒採用では、特殊な職種であっても、出身学部や専攻などの制限をかけていない企業も多いので、どんな職種にも挑戦しやすく、たくさんの選択肢があります。あなたがこれまで見えていた仕事の世界を大きく広げていきましょう。

あなたへの質問

消去法で仕事を選んでいませんか？
仕事の種類について、どれだけ知っていますか？

もともと希望していた業界からの興味を広げる

　就職活動では、これまで自分が知っていた世界だけでなく、いろいろな業界に目を向けていくほうがいいとお話ししてきました。しかし、頭ではわかっていても、好奇心を持てる分野が見つからないというときには「もともとの志望業界をヒントに応募先を広げる」という方法で考えてみるといいでしょう。つまり、自

分が好きなものを軸にして、関わり方の可能性をいろいろ考えてみるという方法です。就職活動をはじめたときに考えていた、自分の好きな業界や仕事は、お祈りメールの連続で、やっぱり好きなことは仕事にできないのかな……とあきらめるのはまだ早いです。自分の好きなことにどう関わるかということから考えれば、あなたの興味を満たしながら才能を活かす道が開けることもあるのです。

　たとえば、文具が好きだからという理由で、文具業界をめざしているという人はとても多いです。会社の名前を目にしやすいので、最終的な商品をつくるメーカーがどうしてもダントツの人気になっています。食品メーカーなども同様です。しかし、その文具があなたの手元に製品としてたどり着くまでには、たくさんの企業が関わっていることを想像すると、そこにはまだまだ幅広い仕事の世界が広がっています。

■**文具が製品となるまで**

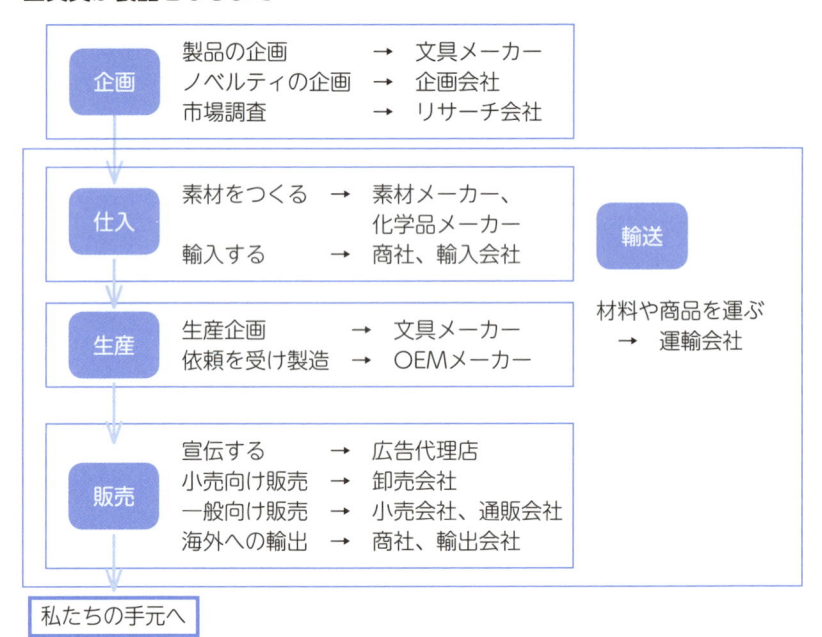

企画	製品の企画 → 文具メーカー ノベルティの企画 → 企画会社 市場調査 → リサーチ会社	
仕入	素材をつくる → 素材メーカー、化学品メーカー 輸入する → 商社、輸入会社	輸送
生産	生産企画 → 文具メーカー 依頼を受け製造 → OEMメーカー	材料や商品を運ぶ → 運輸会社
販売	宣伝する → 広告代理店 小売向け販売 → 卸売会社 一般向け販売 → 小売会社、通販会社 海外への輸出 → 商社、輸出会社	

私たちの手元へ

ある製品分野でも、どのように関わっていくかによって、活かせる能力や感じるやりがいが違います。好きなものを軸として、関連する業界を広くまわってみると、自分にしっくりくる会社や関わり方が見えてくることでしょう。会社説明会や面接でも、そこで働く人たちのキャラクターの違いを感じられるはずです。

就職活動をすると、社会全体の流れが見えて視野が広がってきます。これまでよりも視野をぐっと拡大して会社を探してみましょう。

求めているやりがいは、ほかの仕事でも実現できるかもしれない

同じ業界をめざしていても、魅力を感じる理由は人によって違います。あなたが、志望業界を希望する理由について改めて考えてみると、その理由となった想いを、同じように満たせる業種や仕事が見つかることがあります。

たとえば

① もともと化粧品業界を志望していた

⇩

その理由「女性に対して、変わる楽しさを、輝く喜びを与えたい」

⇩

共通点のある業界は？ 「スポーツ・フィットネス」「エステ」「健康食品」「資格スクール」「アパレル」「出版社」…

② マスコミ業界を志望していた

⇩

その理由「人々に、情報によって新しい発見のきっかけをつくりたい」

⇩

共通点のある業界は？ 「インターネット広告・メディア」「教育」「通信」

「人材」「IT」　…

③　旅行業界を志望していた
　　　　⇩
　　その理由「非日常の空間を演出して感動を与えたい」
　　　　⇩
　　共通の接点のある業界は？　「ブライダル」「ホテル」「ゲーム」「映画」「イベント企画・会場」　…

　ここでは3つの例を挙げましたが、あなたが「なぜその業界を志望したのか」という理由によって共通点を持つ業界は大きく変わってきます。ですから、志望理由を丁寧にふり返ることを大切にしてくださいね。

あなたへの質問

> あなたはどんな業界に興味を持っていますか？
> その業界に魅力を感じる理由はなんですか？
> 魅力に感じる理由に似た要素を持つ業界や仕事はありますか？

企業との出合いは就職サイトだけじゃない

　就職活動のスタートは、就職情報サイトへの登録からはじまったという人も多いです。しかし、就職情報サイトに掲載されている求人情報は、あなたが出合うことのできる仕事のほんの一部です。大学やハローワークに届く求人票もありますが、もっともっと頭をやわらかく考えてみると、企業探しの方法もいろいろなアイデアが浮かんできます。就職サイトだけでなく、街の中でもたくさんの企業

と出合うチャンスがあります。

たとえば

☐ **広告ウォッチング**

　電車やバスなどの車内や、駅構内には、たくさんの広告であふれ返っています。インターネット、新聞、雑誌、ラジオ、テレビ……あらゆるメディアにも広告が流れています。多くは、それぞれのメディアを利用する消費者向けの広告なので、偏ってしまうことはありますが、あなたが興味を持てそうな企業は名前をチェックしていきましょう。

　私が就職活動をしていた頃は、手帳や携帯電話にメモしていたものですが、最近は手元のスマートフォンですぐに企業の検索もできるので、もっとスピーディーになりましたね。

☐ **街ナカフィールドワーク**

　あなたが興味を持ったものが一般消費者向けの商品なら、実際にその商品を手に取って見られるところに行き、その商品を取り扱うお店や、そこに並んでいる商品について一社一社、社名を調べてみましょう。

　シャンプーや洗剤、オムツなど、消費財に関わりたかったサヨコさんは、ドラッグストアやディスカウントストアなどで、新しい消費財メーカーをたくさん探してきました。

　インテリアや雑貨のバイヤーを目指していたミナミさんは、毎週日曜日をインテリアショップ巡りの日と決めて、新しい会社探しに出かけていました。

　店頭で探してみると、どんどん新しい企業が見つかり、その企業のホームページに掲載されている求人情報を見つけることもできます。また、実際にその商品を手に取って、どのような場所でどのように売られているのかを見ること

で、その企業の特徴や売り方の工夫にも気づくことができるかもしれません。

　街で探すことができるのは、店頭に置いてある商品に限ったことだけではありません。もしもあなたが物流に興味を持っているのなら、道路を走る車を眺めたり、港や空港に出かけたりして、行き交うトラックの荷台やタンカーの積荷に書かれている名前を注意深く観察してみましょう。新しい企業の名前を、あなたはいくつも見つけることができるはずです。

　これまでとまったく同じ道を歩いていても、意識を持つだけで、その景色から見えるもの、入ってくる情報がまったく変わってきます。

　たとえば、あなたが今日歩いてきた道に咲いている花だって、夜空に見えている星だって、意識しなければ気づかないけれど、意識すれば目を向けられる世界です。それだけ、意識というのは自分の見る世界を変えてしまうのです。

□業界向けイベント潜入

　あなたが特定の業界に興味を持っているなら、その業界の企業が集まるイベントに潜入してみるのもおすすめです。アルバイトでビューティー・アドバイザーをしていて、とにかく化粧品に興味があるリカコさんは、コスメの口コミサイトが主催するイベントに参加することにしました。そこには、たくさんの化粧品メーカーや、メイクアップアイテムを提供する会社がブースを出していて、実際にサンプルをたくさん試したりすることもできたようです。

　化粧品、アニメ、食品、旅行、留学、住宅、建設、エコ、車、介護、デザイン商品……、大きな展示場で行うようなイベントには、業界関係者以外でも参加できるものがあります。

　あなたにとって興味のあるジャンルがあれば、就活生向けの合同説明会に参加するのと同じ感覚で、ずっと自分の興味が凝縮された空間に足を運び、新しい企業と出合うことができるでしょう。

□ソーシャル就活

　ソー活という言葉が数年前から聞かれるようになりました。最近ではFacebookやtwitterなどのソーシャルメディアを活用することで、就職サイトへの掲載費用をかけずに採用活動を進めていく企業が増えてきました。双方向のコミュニケーションがとりやすく、最新の企業や仕事の情報が更新されやすいというメリットもあるので、就職ナビと併用して企業探しや仕事研究に活用するのもおすすめです。

　実際に、ある外資系の化粧品会社では、Facebookにつくった採用ページのみで採用活動を行っていて、選考情報や選考通過の案内についても全てそのページ上で行っています。友達が発信した情報から、まったく知らなかった会社のインターンシップや募集の情報を受け取る人もいます。今後ますますこのような就職ナビを使わない企業の採用活動は増えてくるかもしれません。

□身近な働く人ネットワーク

　広告や街ナカでの企業探しは、どうしても最終的に一般消費者に商品を届ける企業であったり、自分が興味を持つ企業に偏りやすくなってしまいます。

　そこで、家族や身の回りの人の仕事や、その企業に関わっている取引先についても取材をしてみると、新しい業界や仕事が見つかることがあります。

　取材先はなにも家族だけではありません。マリコさんは、アルバイト先のお店の常連さんだったお客様に、仕事の話を聞いてみることにしました。すると、そのお客様は商社に勤めていて、商社の仕事の話をくわしく教えてくれました。それまではまったくなじみがなくて、イメージがわかない業界だったけれど、働く姿が見えてきて、具体的な企業名もたくさん知ることができたそうです。

　一般消費者に対して商品やサービスを提供する企業の取引のことをB to C（Business to Consumer）、企業に対して商品やサービスを提供する企業の取引のことをB to B（Business to Business）といいます。あなたがやりが

いを感じる仕事は、普段の生活では見えにくいB to Bの企業にもあるかもしれません。

今この瞬間にあなたの身の回りにあるものでも、企業にたどり着くきっかけはあふれています。誰もが知っているメガバンクに内定したけれど、その後に参加したキャンプで知り合った社長に惚れ込んで、内定を辞退して、その社長についていくことに決めた人もいます。

お気に入りの本の著者に「ぜひともお会いしたい」と連絡を取り、接点を持ったことで、その著者が経営する企業から内定が出た人もいます。

企業とは、就職サイトの広告を通じて出合うだけではありません。出合いのきっかけはもっと自由で、自分でどんどんつくり出すことができるものです。

あなたへの質問

これまでどんな方法で企業や仕事と出合ってきましたか？
別のやり方で企業と出合うとすれば、どんな方法がありますか？

みんなにとっていい会社ではなく、自分にとっていい会社を

　やる気が出てきて、ちょっといいかもしれないという企業が見つかり、さっそく検索。すると、検索キーワードに「〇〇株式会社　ブラック」と出てきた……。「〇〇会社を検索したら、ブラックって出てきたんです！　やめたほうがいいでしょうか」と不安な声で相談を受けることはしょっちゅうあります。

　インターネットでは、就活生が御用達の『みんしゅう（みんなの就職活動日記）』のほか、ブラック企業ランキングから就職偏差値、社長や社員の噂までなんでもおまかせの『２ちゃんねる』、そして最近では企業の評判だけを集めた口コミサイトもたくさん増えました。

　企業ごとの掲示板があり、その企業の働く環境や年収から面接の様子まで、社員や元社員、面接に応募した人などから、たくさんのコメントが寄せられています。最近では、就活生でもチェックしている人が増えています。どんなことでもレビューが集まってくる時代です。

　そもそもインターネットへの書き込みは匿名性があるので、ネガティブな意見が集まりやすいという特徴があります。ただ情報を読むだけでなく、わざわざインターネットに書き込みまでしたくなるのは、どういう気持ちになるときだろう？　と考えてみると想像できるでしょう。個性が強い芸能人には必ずアンチがいて、好き嫌いの意見が分かれやすいように、どんな企業にも一長一短あり、クセや特徴が強いほど反対意見も増えます。ですから、その企業に対するインターネット上の情報を、真正面から大げさにとらえないことが大切です。ここで、口コミサイトの特徴をもう少し挙げておきます。

インターネット口コミサイトの特徴
- 評価が極端になりやすい（それもマイナス面で）
- 情報が古いことがある
- 規模の大きい企業の場合、支社や事業部によって実態にばらつきがあっても判別できない

　それでも、ブラックという評価やネガティブな書き込みが多くて心配になった場合には、一体「何に対してよくないと評価されているのか」ということを分析してみましょう。

　たとえば、その理由が「残業が多く平日は終電で帰ることが多い」ということだった場合、次にあなたにとって、平日に残業が多いということが大きなマイナスになるのか考えてみてください。

　なかには、「若いうちはたくさん働きたいので、自分に仕事がそれだけ任されているなら残業は気にしません」という人もいるのではないでしょうか。

　また、平日は遅くても土日に休みをとってリフレッシュできれば大丈夫という意見の人もいるでしょう。

　企業には経営の考え方や、お客様に商品やサービスを提供するスタイルに合わせていろいろな環境・条件があります。住む部屋選びにたとえると、日当たり重視の人もいれば、駅から徒歩5分以内であることを重視する人がいるのと同じように、その人の重視する条件によって、企業に対する意見は変わります。

　だから、マイナスな意見があった場合は、「それは、私にとってもマイナスなことなのか？」と自分の価値観と照らし合わせてプラスマイナスを考えるようにしてみてください。

■ブラック企業の定義はあいまい

ブラック度	項目	アドバイス
一概にブラックとはいえない	非常に厳しい研修がある	ベンチャー企業などでは、社長の強いリーダーシップや、困難な目標設定の達成により、企業を成長させていくケースがよくみられます。そのため、これらの項目が当てはまっても、一概にブラック企業とはいえません。
	社長のワンマン経営である	
	同族経営である	
	厳しめのノルマが課せられる	
人によって価値観が変わる	有給休暇が取りにくい	多くの掲示板で書かれている内容が、こういった項目かと思います。もちろんこれらの条件は、当てはまらないに越したことはないのですが、全ての人にとってブラックと感じる内容ともいえません。離職率が高くても、その会社で働く人だってたくさんいるのですから、自分にとってもマイナスだとはいいきれません。自分の働く価値観と照らし合わせることが必要でしょう。
	自社製品を強制購入させられる	
	体育会系・何かの唱和などがある	
	飲み会や会社イベントが多い	
	離職率が高い	
	繁忙期の残業や休日出勤が多い	
	福利厚生が充実していない	
	（労働条件と比較して）給料が安い	
ブラック度が高い	休日がない	企業活動や労働条件等で法律に違反している可能性があるときは注意が必要です。インターネットなどで情報を見るときは、違法行為なのか？　という視点でみると良いでしょう。これらの項目に該当する場合には、自分のキャリアをしっかりと考え、企業選びを再考しましょう。
	就業規則・社内規定が未整備である	
	求人内容の詐称が行われている	
	極端な低賃金である	
	給与支払い等の遅延がある	
	反社会的勢力との結びつきがある	
	パワハラ・セクハラ等の行為がある	
	極端な長時間労働・サービス残業がある	
	違法行為が行われている	

『2ちゃんねる』に書き込まれたITシステム会社のプログラマーの投稿をもとに書籍化、さらには映画化までされた『ブラック会社に勤めているんだが、もう俺は限界かもしれない』のワンシーン。クライアントから厳しい納品期日をつきつけられ、先輩にどやされながら毎日泊まり込みで作業をしている主人公。ある日その会社に、早稲田大学出身で業界でもトップ5に入る大手システム会

社から転職してきたという後輩がやってきます。爽やかなオーラをまとい、ものすごく仕事もできそう。

「どうしてこんなところにわざわざ転職を？」という主人公の問いに対して彼は、こう言ってのけます。「僕は起業したいんです。だから、大企業で働き続けていると起業までの時間がかかりすぎると思って、あえてこんな小さな会社に転職しました。まずはプロジェクトリーダーになって、すぐにこの会社を乗っ取ってやるんです！　そのほうが手っ取り早いですから」と、これは極端な例ですが、その人にとって最適だと思える環境はいろいろなのです。

ただし、一口にブラックと書かれていることを心配しないようにと書きましたが、世の中には法律に違反するようなことで何度も摘発されている企業が存在することも事実です。P117の表は、これまでにみなさんから寄せられた相談をもとに、ブラックといわれている原因を大きく3つに分類したものです。インターネット検索で、根拠のない口コミ情報を見て一喜一憂する必要はないとしても、公的な法令違反の発表などは目を通したうえで、自分のキャリアの第一歩となる会社を考えていきましょう。

企業と出合うほど、自分の好みがもっとわかっていく

やる気をもって募集情報をたくさん見るけれど、企業のことがよくわからないので、結局エントリーするまでにはたどり着かない……という状態になっていたりしませんか？

日頃から、走りながら考えるより、慎重に考えてから決めるタイプの人は、こんな状態に陥りやすいのです。

でも、こと就職活動については、少しでも興味を持ったのならばエントリーしてしまうことをおすすめします。それは文字情報だけではわからないことが多いからです。まだしっかりとしたイメージがない状態でもいったん応募書類を書い

て、実際に足を運んでみるのです。説明会場に行って、興味を持てなかったり、自分のイメージと違うなあと思ったら、あなたには選考に進まない自由があるのですから。

　たくさんのお見合い写真と人物データを見てあれこれ悩んでいるのではなく、ひとまずお会いしてみます、という勢いくらいでいいんです。

　「でも、なるべく自分にとって"ハズレ"の企業には行きたくない」という人には、取り組み方によって、どんな説明会も自分の就職活動に役立てる方法を紹介します。「企業に行って感じたことを言葉にして自己分析に活用する」というやり方です。

　やり方はかなりシンプルです。説明会や選考会で会社の説明を聞ける場に行ったら、説明を聞きながら事実だけをメモに書き取ってくるのではなく、自分の感情にも目を向けるという方法です。

　たとえば、合同説明会に行って、A社の説明を聞いたときになんだかとても「ワクワク」したとします。これが「感情」です。この感情を感じたらチャンス！です。まずは、聞いた説明について書いたメモの横に、「＋マーク」を書いておいてください。逆にちょっと「がっかり」したり「いやだなあ」と感じたら、「－マーク」をつけておきましょう。

　説明会が終わったら、帰り道や、家に帰ってから、その日のうちに「なぜワクワクしたのか？」「がっかりしたのか？」という理由を掘り下げてみましょう。

> **ワクワクを感じた理由の例**
> - 会社の成長性を感じたから
> - ○○という仕事にやりがいがあると感じたから
> - 会社の「顧客満足を第一に考える」理念に共感したから
> - 自分が携わりたい「○○」の領域で、技術力が高いと知ったから
> - 女性の管理職が多数輩出されていると聞いたから

　そこで考えた理由について、たとえば「なんで成長性があるところに惹かれたんだろう？」と、さらに「なんで？」を3回以上繰り返してみると、「自分は○○というポイントは譲れないかも」という、自分にとって大切な基準や興味を感じる部分が見えてきます。感じたことを流していかないで、忘れないうちに理由まで掘り下げていくことができると、これは合わないなあと思う企業があったとしても、その活動は無駄になりません。マイナスに感じたことからも自分の価値観がわかるので、企業を訪問して気づいたこと一つひとつが、自分に合った企業選びのポイントになります。

　よくあるパターンとして、自分がその業界や企業の志望理由がよくわからないまま、それっぽく理由づけしてしまうことがあります。でも、実際にその場で話を聞いて感じた自分の気持ちに目を向けていくと、いつも共通している、シンプルな軸が見つかったりするものです。頭で考えるだけでなく、心で感じることも大切に。

あなたへの質問

あなたがいいと思ったポイントはなんですか？
そのポイントに魅力を感じたのはなぜでしょうか？

社員に惹かれる感覚も、言葉にしてみる

　なんとなく、言葉では説明するのが難しいけれど、会社や社員の雰囲気が自分と合いそうだなと感じられたとき。志望動機で「社員の方に惹かれて」というだけでは、イマイチ面接官に伝わりません。

　そんなときにも、いい雰囲気を感じた理由を言葉にすることで、あなたの「社員に惹かれた」の手がかりを探っていきます。

たとえば

FEEL（感じる）
　「社風がいいな、雰囲気がいいな」
　　⇩
THINK（考える）

- どんなポイントがよいと感じたのかを考える
    - ・社員が話した内容　・話し方　・考え方　・社員同士のやりとり
    - ・表情　・立ち居振る舞い　…
    ⇩
- そのポイントから、どんなことを感じたのかを考える
    自分が何を感じたのかを言葉にします。忘れないうちに思い出してみましょう。
    - ・フラットな雰囲気　　・はっきりした目標を持つ意識の高さ
    - ・冷静で落ち着いている　・一人ひとりの個性が際立っている　…
    ⇩
- なぜ自分にとって、魅力に感じたのかを考える
    - ・明確な目標をめざして突き進む環境でこそ、自分もモチベーションがあが

ると感じた
　・個性を発揮できる環境でアイデアを生み出してきた経験があるから魅力的に感じた
　　　⇩
　FEEL（もう一度感じる）
　　ここで、考えたことをもとにもう一度実感します。
　　「自分にとっては、会社の○○という雰囲気に惹かれる。
　　それは○○という自分の想いや経験があるからなんだ」

　このステップで丁寧に理解していくと、「雰囲気」というあいまいなものがスタートであっても、相手に自分が感じた魅力をわかりやすく伝えられるようになります。また、他の会社を見るときの基準としても参考になり、自分に合う会社を選んでいくことにも役立ちます。
　感覚的な人は、面接で、相手にも理解できるように論理的に話すことに苦労することがあります。そんなときにこの考え方を使うと、「納得できるように伝えて」と求められる場でもコミュニケーションがとりやすくなります。

あなたが向き合うのは「企業」という人の集まり

　いいなと思える企業が見つかり、いざその想いを伝えていくとき、今一度、持っていてほしい視点があります。それはとってもシンプルに、相手の視点に立つということです。企業は無機質なハコではありません。感情を持った人間の集まりです。だからこそ、自分の一方的な気持ちのプレゼンテーションではなく、相手のことを理解しようとし、相手の視点に立って話をする必要があります。
　じゃあ具体的には相手について何を理解して、どんなことを考えればいいのか？　というポイントを紹介します。

■一番がんばっているポイントを知っていますか？

　その企業が、今も社会に必要とされていて、あなたをまったくの新人から育てることができる環境を用意できるのは、他の企業に比べてキラリと光っている個性や、絶えることのない企業努力のたまものです。

　あなたも自分が努力をしていることを理解されて、認められるときっと嬉しいでしょう。それと同じように、企業だって、まずはそのポイントを理解したうえで共感してくれたら嬉しいはずです。

　そのために、企業の一番の強みは何か？　ということを考えてみましょう。そして、「なぜ強いのか？」を考えることが大切です。

　たとえば、昔からの定番商品を持っていることが強みの場合「なぜこの商品は定番商品であり続けられるのか？」ということに目を向けてみます。

　仕入・生産・販売というステップがあるときには、どのポイントに特徴があるのか分けて考えてみるとわかりやすいかもしれません。

たとえば

仕入　──　安価に仕入れられる仕組み、こだわりの素材選び
生産　──　ユニークな企画力、技術開発力、海外拠点と連携した生産
販売　──　強い営業力、話題になるプロモーション

　このように、企業の強みを見ていくと、その企業の個性が見えてきます。会社説明会やホームページを見るときには、「この会社の一番の強みは？」という視点を大切にしましょう。

■企業がめざしている未来を知っていますか？

　ひとつの企業で長く働きたいという希望があっても、その企業の将来の計画について興味を持って調べている人はあまりいません。あなたが希望する企業で長く働いていきたいと思ったときこそ、その企業の今だけではなく、将来どうなっていくことをめざしているのか？　と未来のことにも注目しましょう。

　あなたが仕事を覚えて、メンバーに仕事を教えるようになり、さらにチームのリーダーとして活躍したりしていくためには、5年から10年かかることもあるでしょう。もちろんその先、20年、30年と道はもっと続いていくわけですが、まずは第一線で活躍できるようになった5年後や10年後のタイミングで、企業がどんなことに力を入れているのか、どうなっているのかイメージしましょう。

たとえば

- 仕事のマッチングサポートから結婚のマッチングまで手がけるようになる
- ○○ブランドをECサイトで拡大し、東南アジアで店舗を展開する
- アパレルから、インテリアまで、ライフスタイルに関わる分野に製品を展開する

　あなたが成長した将来のイメージを描くように、企業も成長するための計画を立てています。会社説明会で人事や経営者が語ることもありますし、企業のホームページには、「中期経営計画」や「○ヵ年チャレンジプラン」といった会社の未来設計がまとめられた資料が発表されていることもあります。

　「これから一緒に長い時間をかけて力を合わせていきたいな」というパートナーが、あなたの将来かなえたい夢にまったく興味がなかったら悲しいですよね。ここでがんばっていきたいかも！　と思える企業が見つかったら、その企業の未来にも興味を持って、そのときにあなたがどうなっているかイメージしましょう。

頭にその姿が明確になるくらいまで考えられると、きっと面接で、相手と同じ未来のイメージが共有できます。企業が描く未来が実現されたときに、あなたはどんな役割でその企業に貢献していたいのか。そのイメージを描くことができれば、あなたはその企業で自分自身の「なりたい夢」をかなえるのと同時に、企業が「なりたい夢」をかなえていくことを強力にサポートする期待の星になります。

あなたの自信にもなり、面接官の気持ちを動かすポイントとして、企業やそこで働く人、仕事、その未来までも含めて、よく調べることはやっぱり欠かせないものです。

「女性が働きやすい」って何だろう？

会社を選ぶときに「女性が働きやすい職場であること」に注目する人も多いので、「当社がいかに女性の働きやすい環境であるか」ということをアピールする企業も増えています。

一口に「働きやすい」といっても、働きやすい要素には、いくつかの種類があります。あなたにとっては、どんな環境が働きやすいのかということを考えてみましょう。

「女性が働きやすい職場です」とアピールされるときには、大きく分けると次

の3つのポイントのどれかひとつ、または複数にあてはまっています。

① 出産、子育てに対するサポートや社内制度が整っている

　さまざまなライフイベントに対して、勤務時間や仕事の内容を調整できる、といった意味での「働きやすさ」です。短時間勤務のときにどんな仕事が任されるのか、またフルタイムの勤務ができるようになったときにもともとの仕事に戻れるのか、といったことは企業によって違うので、先輩の事例も参考になります。

② 男女にこだわりなく、スキルや適性に応じて仕事が任せられている

　仕事は、あなたの能力や適性、またそのときの企業の戦略によって最適なポジションを考えていくものです。必ずしも「自分がやりたい仕事」が任せられるわけではありません。ただ、「女性にはこの仕事」といった慣習や決まりがなく、あなたのやりたい仕事に対して、男女関係なく平等にチャンスが与えられるといった意味での「働きやすさ」があります。

③ 男女に関わらず、マネジメントや管理職をめざすことができる

　仕事の任せられ方と少し似ていますが、将来的に管理職や上級の役職をめざすことについて女性であることによるハンデがない、むしろ女性を積極的に登用しているといった意味での「働きやすさ」もあります。

　もちろん、ステップアップしていくということは、それだけ任されることも責任も大きくなるということですから、将来的にどんな働き方やライフスタイルを望むかによってあなたの優先度は変わってくるでしょう。

　この3つについて、あなたはどのポイントを、自分にとって「嬉しい・大切」と考えたでしょうか？　やりたい仕事をバリバリこなし、マネジメントをしたい人もいれば、メンバーのマネジメントよりは、プロフェッショナルとして自分の

専門性を追求していきたい、もしくは将来的には子育てに専念できる環境が欲しいという人もいるでしょう。

つまり、必要な「働きやすさ」の要素と優先順位は、希望する働き方や仕事、望むライフスタイルによって違うということです。

先に挙げた3つのような「働きやすさ」を証明するため、企業からはいろいろな数字のデータが発表されているので、調べることもできます。

- 社内における女性社員の割合
- 産前産後休暇、育児休暇の取得人数や取得率
- 産前産後休暇、育児休暇から復帰した社員の数
- その他、女性をサポートする制度の取得人数や取得率
- 自分のつきたい仕事における女性社員の割合
- 管理職における女性の人数や割合

数字だけではわからないこともあるので、実際に女性社員やOGに生の声を聞いてみるといいでしょう。

数字だけで判断できないこととして、たとえば「新卒採用をはじめてまだ数年、女性の平均年齢は20代です」といったような会社の場合、対象となる女性社員がまだまだ少なく、データだけでは実態が判断しにくいこともあるからです。

「女性が働きやすい」というフレーズだけにとらわれず、たくさんの働く先輩社員と話をして、自分の働くスタイルが実現できる環境を探しにいきましょう。

働くペースはずっと同じでなくていい

　結婚や子育て、将来親の面倒を見ることが、就職先を決めるときの意思決定にかなり強く影響する人がいます。

　「結婚して子供が欲しいので、あまり帰宅時間が遅くなくて、将来は時短で働けるところがいいです」

　「彼氏と結婚したら、彼の転勤についていけるようにしたいので、全国に支社があって異動できる制度のあるところにします」

　比較的長い間、同じペースで働き続けることが前提の男性とは違って、「ライフスタイルが変化するかも」という可能性を考えながら就職活動をする女性はとても多いです。自分の都合だけではなく、家族や彼氏のことも思いながら、先の先までちゃんと考えようとがんばります。その姿勢といったら、本当にしっかりしていて、とってもケナゲなのです。

　でも、未来の家庭生活のために会社の環境や制度のことだけを考えてしまうと、どうしても「仕事に対する意欲」みたいなエネルギーは欠けてしまいますし、それは企業にとってもちょっと物足りなさを感じるところにもなります。

　そこで、「結婚して、子育てをするから休暇制度や時短で働ける条件がどうしても気になるの」という場合は、年齢によって働き方を変えるという考え方を持ってもいいと思います。

　たとえば、自分の時間について「仕事」「家庭生活」「自分の趣味」という３つに分けます。そして、５～10年おきに自分が時間を使う割合を考えてみます。

　30歳くらいに結婚して子供が欲しいなあと思うのであれば、20代は、家族というよりも仕事と趣味の割合がほとんどになるかもしれませんね。30代は家庭生活の割合が増えることになり……と、年代によってあなたの時間の使い方は変えることができるでしょう。仕事も家庭も趣味も、ずっと同じペースでなくてもいいという考えのもとで、柔軟に環境を選んでみてもいいのではないでしょうか。最近では、会社の制度も多様化して、一度退職した元社員が再就職するこができ

るという制度もあります。

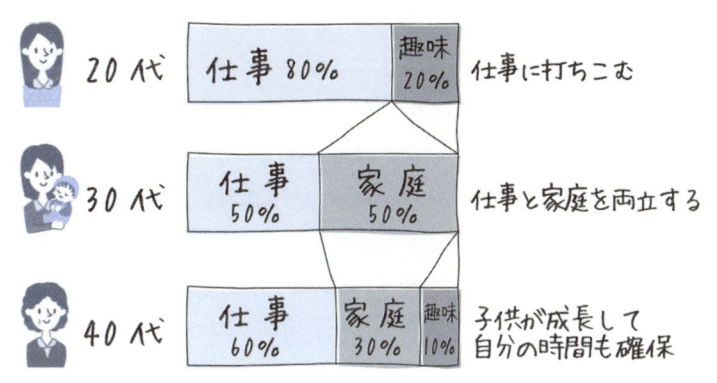

20代　仕事80%　趣味20%　仕事に打ちこむ

30代　仕事50%　家庭50%　仕事と家庭を両立する

40代　仕事60%　家庭30%　趣味10%　子供が成長して自分の時間も確保

ずっと同じ割合でなくてもいい！

　ちなみに、就職活動をはじめた当初の私はこんなふうに考えていました。
「私がこのまま東京に住んで結婚して家族をつくることになったら、親も東京には住んでいないし、子育てを支援してもらえるかどうかはわからないなあ。そうなると30歳を過ぎる頃には、毎日帰りが遅くなったりしないような仕事につく必要が出てくるかもしれない。うーん、そうなると限られた時間でも価値を生み出せるように、20代は思いきり働いて、何か"コレ"って武器になるものを身につけよう！」
　今考えると、あまりに大ざっぱな考え方で、自分でも笑ってしまうのですが、その頃から「まずは、会社に対して自分の権利を主張する前に、社会の役に立てる力をつけよう。たくさん価値を発揮できるようになれば、自分の働き方の選択肢は増えるんじゃないかな」という考えを持っていました。
　企業は、社員一人ひとりが価値を提供することで、お客様に対して貢献していきます。そのお客様からいただく対価の一部が、報酬や福利厚生として私たちに還元されるしくみになっているのです。だから、求めるものがあるなら、先に「お釣りが出ちゃうかもね」というくらいの気持ちで仕事に向き合ってみて、会社や

お客様に貢献していくようになれば、自然に世の中からも、モテる人になっていくでしょう。

あなたが誰かから告白をされたときに、自分が求めることばかりの主張をされたら、どんな感じがするでしょう。「オレは、趣味と友達との遊びの時間をしっかり取りたいと思っているから君とはほどほどに会いたいんだ！　付き合おう！」なんて。さすがにちょっと引いちゃいますよね。

将来のことを計画的に考えることも大切です。しかし、まずは成長して企業に貢献できるようになろうという姿勢を、合わせて持てるといいですね。

景気の不安や社会に出ることへの不安な気持ちから、とにかく安心感や、守ってもらえる環境を得ることに必死になってしまう人もいますが、少し肩の力を抜いて、今、できることから周りに与えていきましょう。そうすれば、あなたの欲しいものも、自然に得られる状態になってきます。あなたのライフスタイルに合った働きやすい環境は、これからあなたの力でつくっていけるのです。

総合職という選択、一般職という選択

自分が働きたいスタイルが、総合職なのか、一般職なのか迷っていますという相談もよく受けます。まずは、それぞれの職種タイプに企業が期待していることや、仕事の特徴をおおまかに理解することからはじめましょう。

どちらがあなたの持ち味が活かせるか、また価値観に合う働き方はどちらに近いのかを照らし合わせてみることをおすすめします。

■総合職とは
【期待されていること】

総合職は、将来的には会社の幹部候補になること、また組織をまとめるマネージャーとしての役割を担うことを期待されています。

【仕事の特徴】

　その会社の企業のコア（核・中心）となる業務に就きます。3年〜数年ごとに担当する仕事が変わったり、支社のある会社の場合は転勤を伴ったりすることもあります。やり方が定型的でない仕事や、お客様の要望に直接対応する仕事が任されることもあります。

　ただし、総合職＝転勤ではないということも理解しておきましょう。「総合職で勤めたいけど、実家から通いたいし、結婚した相手と一緒に住めないのは困るので、転勤はイメージできません…」という悩みもよく聞きます。しかし「すべての総合職＝全国転勤」ではありません。

　「総合職」といっても、転勤の実態は企業によってまちまちです。地方に支社があったとしても各支社に配属する人材は地方の支社ごとに行う企業や、地方への転勤は本人の希望を前提として行う企業もあります。総合職から地域限定の職種へのコース変更の制度を設けている会社もあります。

　このように企業によって違う実態も、求人票ではすべて同じように「総合職」として記載されています。実際のところは、就職情報サイトやパンフレットにはそこまで詳しく記載されていません。転勤に抵抗がある人も、気になる会社について説明会や面接の場で、「支社・支店は、どの地域に、どのくらいの数あるのか？」「転勤する頻度や可能性は、どの程度あるのか？」という実態を聞いてみることをおすすめします。思い込みのイメージで、自分に合う会社と出合うチャンスを遠ざけてしまってはもったいないですよ。

【やりがい】

　総合職は自分の判断で仕事を進めることができたり、新しいことにチャレンジする機会もあり、取引先と幅広く接点を持ったりすることが多いでしょう。将来的に会社のコアとなる役割に近づいていくことで、より責任が増え大変なことも多いですが、認められたときの報酬（お給料）のアップや、苦難を乗り越えた分のやりがいも大きいでしょう。

■**一般職とは**
【期待されていること】
　一般職は、コア業務を担当するメンバーのサポート的な立場に立ち、主に社内で発生する業務や、窓口や受付としてお客様の対応をする業務があります。特定の仕事や特定の地域で、継続的に仕事の質を向上させていくことが期待されています。

【仕事の特徴】
　定型的な仕事が中心となり、同じ勤務地・部署に属してスキルを高めていくことが多いです。時期によって仕事の忙しさが異なることもありますが、定型的であるという仕事の性質上、自分で計画的に仕事を進められることも多いので、総合職に比較すると、残業が少なく、休暇も取りやすい傾向にあります。

【やりがい】
　目の前の仕事の質を高めていくことで、お客様から感謝されたり、社内の人をサポートできる喜びがあります。また、自分が担当する仕事に対する習熟度を高めやすいので、「この分野のことなら、○○さんにお任せ！」といった周りの評価につながることもあります。

	総合職	一般職
企業側の期待	・コア業務 ・マネジメント業務	・サポート業務
仕事の特徴	・非定型的 ・異動もある	・定型的 ・異動は少ない
やりがい	・お客様との接点 ・大きな責任	・社内を支える ・効率化していく

※企業によって一部異なります。
　総合職と一般職の違いを大まかに説明しましたが、これまでの総合職・一般職といった分類だけではなく、全国に支社のある企業では、転勤のない総合職とし

て「エリア総合職」や「特定総合職」といった職種が設けられているところも多くなってきました。

　また、一般職の呼び方もさまざまに増えており、最近では「エリア限定職」や「地域限定職」「アソシエイト職」「スタッフ職」などとも呼ばれています。呼び方と合わせて職種の説明をよく読み、話を聞いていきましょう。

　また、入社後に働き方やコースを変更できる企業もあります。総合職・一般職などのコース別雇用管理を行っている企業のうち、コース転換制度を実施している企業は86％にのぼっているという調査もあります（厚生労働省「コース別雇用管理制度の実施・指導等状況（2012年）」）。

　コース転換制度、職種の多様化をはじめ女性の力を積極的に社会で活用していくことがますます重要になっているなかで、企業はさまざまな取り組みを行っています。

　総合職・一般職に求められている役割や働き方の違いについて一般的なところを理解したら、それぞれの企業での具体的な働き方を、説明会や面接、OB・OG訪問で聞いてみましょう。特に職種の選択で迷っているときは、両方の職種タイプの先輩から、その先輩にとって「満足しているところ・あえていうなら不満なところ」を聞いてみるといいでしょう。集めた情報から、今あなたが働きたいスタイルと合うものを選んでくださいね。

☕ Café time　不確定な未来も、楽しみながら乗りこなしていこう

　私は高校時代、1日4本の映画DVD漬け生活をしていたくらい、昔から映画が好きです。映画を観ると、一見まったく関係のないテーマであっても、そのとき考えていることや悩みについて、ヒントをもらえることが多いものです。

　先日、「ガール」という映画を観ました。20代後半から30代の女性4人の、それぞれの仕事や恋、夫婦生活、子育てを描いたものです。

　この映画の中で「男の人生は足し算だけど、女の人生は引き算だから」というセリフが出てきます。男性は、歳を重ねるごとに仕事も地位も収入も上がって魅力が増していくというイメージ。一方で、女性は歳を重ねることで衰えていき、出産をして、世の中的には魅力を失っていく部分が多いというイメージがあるという意味のようですが、スクリーンからは4人の女性の姿を通じて、「女性の人生は決して引き算なんかじゃない」ことが伝わってきます。

　今、私たちは自由に、たくさんの選択肢から未来を選べるようになっています。何かを積み重ねていくこともできるし、思いきりシフトチェンジもできる自由が広がっています。結婚・出産＝退職ということもなくなりましたし、雇用形態もさまざま。ノマドという言葉も生まれ、企業というワクにも縛られることがなくなってきました。

　希望の会社に内定してからも、みなさんから迷いや不安な気持ちを相談されることがあります。先のことまで考えても考えても、迷いや不安を100％取り除くことは難しい。だからこそ、思う存分考え、決断したあとは「これからも、私の人生は自分でハンドルを握って、幸せなほうに進んでいくぞ」という勢いで働けるといいと思います。

　面接で、会社のことや仕事のことをすべて理解するのは、誰にも不可能なことです。働いてみてはじめてわかることがあるのは当然ですし、企業も日々変化しています。変化し続けている社会の中で、企業の変化のスピードはますます速くなっているので、あなたが内定をもらったときの企業の状態と、入社する時の企業の状態は、何も変わらないように見えても、実は大きく変わっているかもしれません。

だからこそ、どんなときも誰かのせいにしたり、環境のせいにするのはやめて、あなたの進みたい方向から目をそらさずに意思を持って毎日を過ごしていきましょう。自分の意思を持って生きている人は、どんな環境にいても、その状況を自分で変えていくことができます。目の前にチャンスがきたときにはそれに気づき、つかんでいくことができます。

　これからの人生、先はまだまだ長いです。そして、この一瞬一瞬がリハーサルではなく、常に人生の本番です。自分の気持ちを大切にしながら、一度きりの人生を楽しんでいきましょう。

Chapter 5

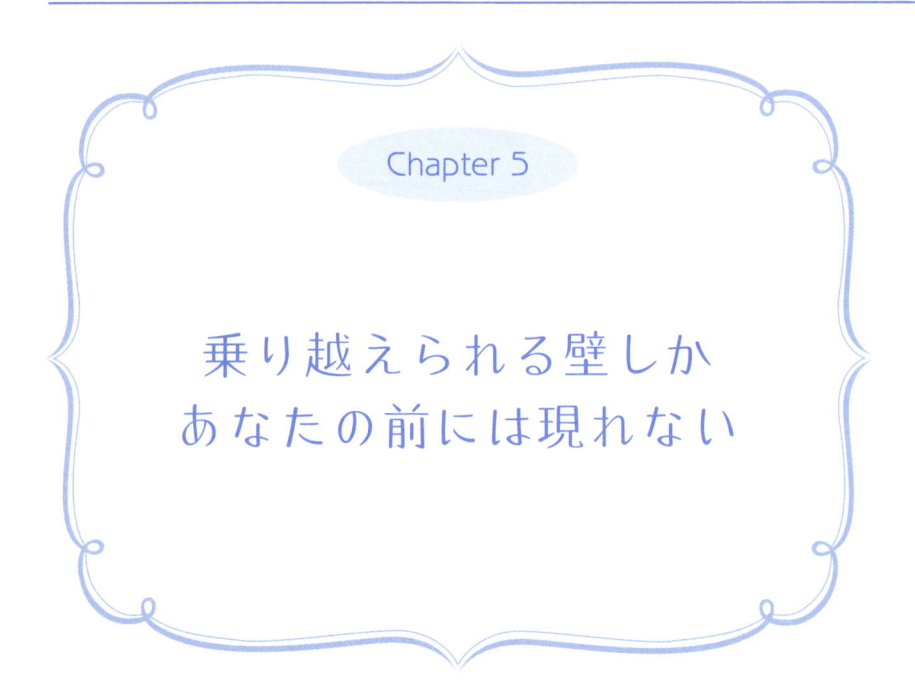

乗り越えられる壁しか
あなたの前には現れない

　さて、ゴールまでの道を走りはじめたあなたには、これからも新しい壁が立ちはだかってくることがあるかもしれません。でも、新しい壁が現れるのは、前に進んでいる証拠。あなたの目の前には、今のあなたが乗り越えられる壁しか現れません。
　ここでは、あなたが就職活動の壁を乗り越えるときや、ちょっと辛いなあと思ったときにヒントにしてほしいメッセージを伝えていきたいと思います。

不調なときこそ状態を整える
　日常生活と同じように、就職活動にも波があります。自分と合わない企業の面接が続いたりして結果が出ないことがつづくと、どうしても気分が落ち込んでしまうでしょう。でもそんなときこそ、自分の持っている可能性に目を向けて、できるイメージを持つことが大切です。

- うまくいかなかった面接を思い出して後悔するより、うまくいったときの面接を思い出し、同じ状態を再現できるようにする
- 他の人と比べて、自分ができていないところを挙げるより、他の人のよかったところで、自分に取り入れられそうなところを探す
- 「うまくいかなかったらどうしよう」と不安になるより、「本番に自信をもって向かうために、今から何ができるだろう？」と考える
- 「やっぱり自分はだめだなあ」と考えるより、「苦戦しているのは自分らしくない。まだまだ発揮できる力はあるぞ」と思う

「だめなワタシ」と否定する言葉を自分にかけながらも、がんばることに慣れている人もいます。でもその習慣は、あなた自身をじわじわといじめることになり、前に進むたびに余計なエネルギーを浪費していきます。

不調なときこそ、あなた自身が自分の可能性を信じる一番の応援団でいてあげて、よい状態をつくることがなによりです。一気に自信がなくなってしまったとき、「ヤバイ。どうしよう！」とあせってあれこれ手を出そうとするより、「次の面接で、ひとつだけ意識して変えるなら、それはどんなこと？　そのためにまず何から手をつけようか？」と冷静に考えるようにしましょう。

たとえば、面接でうまくいかないときには、まず最高の状態で話せている100点満点の自分をイメージします。

次に、そのイメージと比べると、今日の面接は何点だったか？　と得点をつけてみます。その上で、100点までの差になっているのはどんなことか？　というポイントを挙げてみます。

埋めるべきポイントが見えてきたら、まずは今の状態から10点上げるためには何から手をつけたらいいだろう？　と考えて必要なことに着々と取り組んでい

くのです。あせらないで一つひとつクリアしていくことが大事です。

> ●自分が100点だと思える面接ってどんな感じ？
> ●今日はベストに比べると何点の出来？　それはなぜ？
> ●100点にするにはどんなポイントを押さえていけばいい？
> ●まず今から10点上げるとすると、何から手をつければいい？

　あなたがこんなふうに取り組んでいても、すぐには思ったような結果を伴わないかもしれません。成長するプロセスで、とくに初めの段階は、努力に対して結果がスムーズについてこないことがほとんどです。これまでの受験勉強や部活動などで経験がある人も多いと思います。はじめは結果につながらなくても、成長を積み重ねていけば、ある時点で、急にぐーんと目に見える成果になって現れます。この時がちゃんとくることを信じて、ちょっとだけ粘ってみましょう。

「完璧」よりも「終えること」を優先する

　完璧にできていないと不安で、エントリーシートや面接に備えての企業研究に一社一社にものすごく凝って延々と時間をかける人がいます。
　もちろん時間があれば、納得いくまで取り組みたいところですが、時間がかかりすぎて、他の活動が進まないなどの影響が出ている場合は「70％でいいから終わらせる」ことを意識するようにしましょう。
　売上から事業内容、商品や取引先と、全分野をカバーすることより、あなたの会社選びのポイントについて調べることに時間をかけるようにメリハリをつけたり、時間を決めて取り組んだりするのもおすすめです。この姿勢は社会人になっても同じです。期限内で、今自分ができる最高のものを仕上げていきましょう。特に、エントリーシートは余裕をもった提出を！
　また、「終わっていないこと」をたくさん抱えるのは、じわじわとあなたにと

ってストレスになります。あれこれ中途半端な状態のものを増やしていくより、一つひとつを終わらせてすっきりしていきましょう。

タイムマネジメントのコツ

　セミナーや説明会に参加しながらエントリーシートも書き、面接にも参加するという、何かとあわただしくなりがちな就職活動でも使える考え方として、タイムマネジメントのコツを紹介しておきましょう。

　これは『7つの習慣―成功には原則があった！』（キングベアー出版）という本で紹介されている有名な考え方で、時間を「重要度」と「緊急度」という2つの軸で4つのゾーンに分類して判断するものです。

```
┌─────────────────┬─────────────────┐
│       1         │       2         │
│  重要度：○     │  重要度：○     │   ここが大切！
│  緊急度：○     │  緊急度：×     │
├─────────────────┼─────────────────┤
│       3         │       4         │
│  重要度：×     │  重要度：×     │
│  緊急度：○     │  緊急度：×     │
└─────────────────┴─────────────────┘
```

① 緊急で重要なこと

　今に迫っていて、やることに重要な意味があるもの。逆にやらないと大きな損失になってしまうことです。就職活動では、期限の迫ったエントリーシートや明日の面接などがこれにあたります。予定の中で、誰もが最優先しようとすることです。

② 重要だが緊急でないこと

　これは4つのゾーンの中で最もあなたの未来をつくるために役に立つことです。とくに期限が迫っているわけではないけれど、自分への投資につながり価値があること、就職活動ではキャリアの計画、筆記試験の勉強、将来めざす仕事や業界を中心とした情報の収集、健康な状態をキープすることなどです。

　これらは緊急でないので、やらなくてもすぐに問題になるものではありませんから、ついつい後回しにしがちですが、内定や就職した後にも大きな影響を与えることなのです。これらのことについては、自分で意識的に時間をとっていくことが大切です。

③ 緊急だが重要でないこと

　緊急性が高いけれど、就職活動や未来をつくるためには重要性が低いことです。就職活動の時期には、誘われた遊びのイベント、サークルの飲み会、人手として頼まれて断れないアルバイトなどがこれにあたるでしょう。意思をもって対処しなければ、どんどんあなたの予定を埋めてしまいます。

④ 緊急でも重要でもないこと

　ストレス解消や暇つぶしのことです。ぼーっとテレビを観る、携帯ゲーム、カラオケ、電話での雑談、待ち時間、ネットサーフィンなど、終わってみると何をしていたのかわからなかったり、無駄な時間だったなあと反省することも多い時間です。

　多くの人が、①→③→④の順番で時間を使ってしまいがちですが、②の時間を意識的にとっていくことが大切だとされています。就職活動でも、いかに②の時間をとっていくかということが、のちのち大きな差になっていきます。

乗り越えられる壁しかあなたの前には現れない　Chapter 5

> 予定を自分でコントロールできる
> ようになったカナコさんの話

　3年生の3月。「最近、ちょっと忙しすぎるかもしれません」と苦笑いをしていたカナコさん。毎日、セミナーや説明会があれば参加。ずっと続けているアルバイトも、就職活動前とほぼ変わらないペースで夕方から週3回。日中に選考に参加してから、アルバイト先まで移動する電車の中で、エントリーシートに書く内容を考えてスマートフォンに記録するという超ハードな生活を続けていて、だいぶ疲れきっていました。

　そこで、カナコさんには今の自分にとって重要なことは何かという視点で、一日の予定を眺めてもらうことにしました。すると、これまですべて均等にこなしてきたことの中での優先順位がはっきりしてきました。

① 重要で緊急　⇒　志望している業界の選考
② 重要だが緊急でない　⇒　エントリーシート、筆記試験の勉強、将来の夢を考える時間、志望業界や仕事の研究
③ 緊急だが重要でない　⇒　必要以上のアルバイト、就職ナビからの連絡でとりあえず足を運んでいる選考
④ 緊急でも重要でもない　⇒　現在は該当ナシ

　これまでは、日程の決まっている①と③の緊急な予定から、優先順位を決めずにとにかく詰め込めるだけ予定を詰め込んできたカナコさん。しかし、何を優先すべきかということが整理されてからは、自分にとって重要なことを優先にして予定を立てられるようになりました。エントリーシートも余裕をもって提出できるようになり、疲れやストレスも減ったようです。

就職活動がはじまると、これまでの学生生活とは時間の使い方が変わります。これまでやってきたことを同じペースで続けながら、就職活動をプラスするのはかなり大変なことです。自分の未来をつくる就職活動に重要なことを基準に、「続けること」「やり方やペースを変えること」「やめること」という視点であなたの行動スケジュールを見直してみるのもいいでしょう。

一度の面接だけで、もう全然だめだと決めつけない

　隣の人がとにかくすごくて、自分のペースが崩れた一次面接、ほとんど話せなかったグループディスカッションなど、一度の失敗でショックを受けて、「これからも全部うまくいかない」と決めつけて落ち込んでしまうことがあります。

　「また失敗するかも…」という不安のまま面接に行くと、それが態度や表情にも現れます。不安でいっぱいの状態では、せっかくのあなたらしさがどんどん出せなくなってしまうものです。

　そこでうまくいかないときは、「これからも全部同じ結果かも……」と決めつけないで、冷静にやるべきことを考え、対策を練っていきましょう。一度の失敗を気にしすぎる人は、単純にまだまだ応募企業が少なすぎて、自分に合う企業に出合えていないだけという状態に気づくこともあります。

　そもそも、面接官も人ですから、あなたと会話のペースがまったく合わない人、受け取り方や関心を持つポイントがまったく違っていて、会話がかみ合わない人に遭遇することだってあるでしょう。

　また、「絶対ダメでした、話に興味を持ってもらえなくて面接がすぐ終わりました……」という連絡の翌日に、「昨日の面接、通過しました！　ウソみたいです！」という報告を受けることもよくあります。自分ではだめだと思っていても面接官には評価されていることもよくありますから、一つひとつの出来事を深刻にとらえすぎないようにしましょう。

今日の後悔・終わった結果の心配よりも、明日の準備

　就職活動は、気持ちが目まぐるしく変化します。面接通過の電話で喜んだのもつかの間、メールボックスに、志望度が高い企業からのお祈りメールが届き、がっくり……。こんなとき、気持ちの切り替えは難しいものです。企業からの連絡がいつくるかと携帯電話の着信を気にしつづけたり、就職活動の終わりが見えないという不安も常に襲ってきたりします。

　こんなストレスがたまりやすい環境で、自分の状態をいい感じに整えるためには、自分で「コントロールできること」と「コントロールできないこと」にすっきり分けてみるのがおすすめです。

コントロールできること　──　未来や自分の行動
　⇒　明日の面接の準備、これから応募する会社の選考、今後の時間の使い方
コントロールできないこと　──　過去や他人
　⇒　終わった面接の結果、当日の面接官、選考結果の連絡

　「面接が失敗してものすごく後悔。がっかり」「結果の連絡が気になって、何も手につかない。ドキドキ」など、あなたがコントロールできないことにばかり気をとられてなにも手につかない状態にあるのは、事態がなにも進まないうえに、とにかく疲れます。ただただ時間だけが過ぎていきます。

　そこで、なんだかソワソワしているときこそ、「今自分の気にしていることは、自分でどうにかできることかな？」と点検するようにしてみてください。そしてあなたがコントロールできることに時間を使っていきましょう。そうすれば、あなたが使ったエネルギーの分だけ、ちゃんと前に進んでいきます。

> **1社からの通知をとことん待っていたハルカさんの話**

　4年生の秋に会ったハルカさん。面接でいい結果が出ないということで話を聞いてみると、実はハルカさん、1社に応募して選考を進めている間、結果が出るまでは他の企業の面接に進まないというやり方をしていたことがわかりました。この進め方をしていた彼女の応募社数は、およそ10ヵ月続けた就職活動でまだ十数社。時間も余裕もあるのに、これではもったいない。

　そこで自分の強みを整理しながら、複数の就職ナビ、学校にきていた求人から応募先を探し、並行して応募を続けていったところ、2ヵ月で専門商社の事務職に内定しました。ハルカさんは「なーんだ、一社一社の結果を待っていなくてもよかったんですね。もったいないことしてました！」。

　ここまで極端でなくても、あなたも自分ではコントロールできない、待っているものに気を取られてしまっていませんか？　待っている間にもあなたができることはたくさんあります。

意図のある情報にひっぱられない

　よく「就職課で○○と言われたんですが、そうなんですか？」と聞かれることがあります。その質問に対して、私はほとんどの場合「△△さんはどう思います？」と、いったん質問で返しています。自分が受け取った情報について、自分で一度考える習慣をつけることはとても大切だから。

　今の就職活動は、もう明らかに情報過多の状態です。親に言われたとか、キャリアセンターで言われたとか、友達に言われたとか、誰が発信しているかもわからないインターネットの情報だとか、とにかく情報がわーっとあふれ返っています。就職ナビにひとつ登録するだけで、毎日何十通ものメールがどっさり届きま

す。twitterやFacebookのタイムラインには、膨大な情報が毎秒更新されていきます。

　多くの情報には、情報を発信する側の都合によって、あなたに何か行動を起こさせようとする意図が含まれています。自分に意思がなかったり、不安な状態のとき、あなたはそれを真に受けてしまい、情報発信者の思い通りに行動することになってしまいます。なかにはあなたの不安やあせりをあおるような表現で、行動を起こさせるようにしている情報もあります。

　仮にこれらが、真剣にあなたのためを思ってくれての情報や発言だったとしても、働く環境・時代や、興味、経験、これまでの生い立ちなどが違う以上、すべての情報や意見をそのまま受け取ることが、あなたの就職活動にとって100％正解だとはいいきれません。

　もちろん、役に立つ情報はうまく利用すべきです。でも、誰かの価値観や意見に流されずに自分で判断して取捨選択をするようにしましょう。いったん受け取ったことを、あなた自身の頭で「本当にそうなのかな？」とか、「自分にとって必要な情報かな？」と考えることを忘れないでくださいね。

就活中にたくさんの企業に出合っておくのはいいことだらけ

　一般的な就職活動は、比較的スムーズにいったとしても半年近くかける人がほとんどです。季節は冬から春、そして初夏に移り変わっていきます。暑くなってくると、就職活動を早く終わらせて、リクルートスーツを脱ぎたい！　という気持ちもよくわかります。でも、早く終わらせたい一心で進めてしまった結果、すぐに振り出しに戻ってしまっては元も子もありません。

　就職活動を早く終えたけれども、出合う会社の数が少なかったマリさん。実際に仕事をはじめてみると、イメージしていたこととのギャップが大きく、あっという間に退職してしまいました。「こんなことなら、もっとほかの会社も見ておけばよかった……」という想いを胸に、またすぐに転職活動をはじめて、履歴書

を書いて応募する生活に戻ってしまいました。
　一方、就職活動を1年近く続けることになって大変だったけど、たくさんの会社を見たムツコさん。ようやく相性の合う会社が見つかって、その会社へと入社。仕事では、大変なこともあるけど「たくさんの会社と出合って、納得して選んだから、乗り越えられるようにがんばってみよう」というエネルギーがわいてきました。

　入社した会社では、どんなことがあっても我慢して勤め続けましょうという話ではありませんが、出合う企業が増えるほどに、あなたが仕事や環境を見極める目はどんどん鍛えられていきます。まさに「目が肥える」という感覚です。
　まだほとんど企業を知らない段階で、進路について結論を出してしまうと、よほど初めから見る目が養われていない限り、相性についてはイチかバチかということになるわけです。このあたりを理解して、内定を出してからも「納得いくまで就職活動を続けてくださいね」と言ってくれる企業もあります。

　就職活動がスイスイうまくいったとして、内定という結果が出たとしてもそれはまた、新たなスタート地点に立ったにすぎないわけです（仕事開始までのアイドリング期間が数ヵ月あるので、実感は薄いですが）。
　「こんなはずじゃなかった…」と深く考えなかった分のツケを払うことになるよりは、納得のいく結果が出るまで就職活動を続けることも、悪くないのではないでしょうか。想定していたより時間がかかったとしても。
　急がば回れ、という言葉があります。新卒として就職活動をすることは、おそらく人生で一度きりですし、世の中にある多様な業界や企業を知ることに、ひとつも無駄はありません。むしろ「時間をかけることができて、たくさんの企業と出合えてラッキー！」と楽しむくらいでいきましょう。

今だからこそ、あなたが出合える会社がある

　就職活動をはじめた頃にエントリーした企業の選考がひと段落すると「もう持ち駒がなくなってしまいました……」という人が続出します。そんなときも、あせらずにまた新しい企業を探していきましょう。誤解されがちですが、12月に就職サイトがオープンするからといって、すべての会社が12月に募集を開始するわけではありません。募集開始の時期は企業によって違います。

- 新卒にはなじみのない企業なので、大手企業の採用が一通り終わった5月頃から募集を開始する企業
- 想定よりも内定を辞退する人が増えてしまったので、追加募集する企業
- 来年の見通しがたった段階で、採用人数をしっかり決めて新卒採用をはじめる企業

　実際に、大手就職ナビには卒業する3月ギリギリまで「新着企業」が掲載され続けます。ハローワークには、新卒者対象の求人情報が毎日更新されています。だから、あなたがまたエントリー企業を探しはじめるまさにそのときに、運命の一社と出合うことだってあるのです。

就職活動の再開が新しい縁をつくったミサキさんの話

　ミサキさんと会ったのは4年生の11月。内定が出ていたIT企業から、「業績が悪化したので、他にも就職活動をして内定が出れば、そちらへの就職も考えてください」と秋になって急に連絡があったということでした。内定の取り消しこそなかったものの、予想もしていなかった連絡に、ミサキさんはかなり戸惑いました。

　もう一度就職活動か……と思い、就職サイトで求人を探しはじめたちょう

どその時期に、ミサキさんはもともと志望していた出版業界で、教科書の出版を専門にしている企業が新しく新卒募集を始めたことを知ります。このタイミングで今就職活動を再開したからこそ、これまで募集をしていなかった企業に出合えたのです。もともとはめざしていたけれど結果的には諦めてしまった夢。ミサキさんはその夢をもう一度持って就職活動を再スタートし、選考も順調に進んでいきました。

　あなたがこれまで応募してきたすべての会社も、その選考プロセスで関わった面接官も、あなたも、それぞれが、ここまでに積み重ねてきた、たくさんのストーリーがあって出合うことができました。よく就職活動では「ご縁がありませんでした」という表現が使われますが、その面接の先につながる縁はなかったとしても、何度も接点を持った企業とは、そこまでは確かに縁があったわけです。そして、その面接結果も、あなたと縁がある新たな場所につながっていくためのストーリーなのでしょう。

　日本にはおよそ260万社以上の企業が存在するといわれています。今だからこそ出合える会社が、あなたに縁のある一社かもしれません。

最終面接で結果が出なかったとき

　最終面接で思ったような結果が出ないときは、時間をかけて何度も足を運んだからこそショックも大きいものです。何度も会社や社員と接触し、面接に備えてその会社や仕事のことを考えるほど、ますます思い入れも強くなっていくものです。

　思い入れが強くなり、また期待が高まってきた気持ちを、一気に無かったことにするのは、やっぱり苦しい。「この会社より行きたいと思える会社はほかにないと思います。もうこの先見つからないのではないかと不安です」という悩みを聞くこともあります。

でも、安心してください。恋愛と同じように、そのときは「ほかの相手なんて考えられない！」と思っていても、時間が経つと心はどんどん変わっていきます。実際は、「がーん…」とショックが大きい人ほど、それだけ感性が豊かなので、すぐにまた「行きたい会社に出合いました〜！」という状態に変わることのほうが多いものです。大丈夫、大丈夫。

　何度も接点を持った結果として縁がないという判断に至ったのであれば、それは「今このタイミングでは、あなたが活躍できる場はほかにある」という判断が行われただけのことです。あなた自身の価値が低いとか、あれを言ったから落ちてしまったんだろうとか、くよくよ後悔したり自分を責めたりする必要はありません。

　私が採用担当者だったときも、会社が内定を出すという判断は本当に繊細なもので、いろいろな事情がありました。「不合格ではないんだけれど、決めきれない」という理由での見送りや、「採用したいけれど、彼女は他社での仕事のほうがより活躍できるだろう」という判断での見送りなど、採用が最終的には人の感覚で判断される以上、そこに絶対の基準は存在しません。

　ほとんどの会社で、合格・不合格の判断をした理由はあなたにフィードバックされることがないので、納得できない気持ちは残るかもしれません。どんな結論も最終的に縁のある企業との出合いにつながっていくことには間違いないので、気持ちを強く持って前に進んでいきましょう。

　最終面接の場に至るまで、企業と真剣に話し合い、未来を考えることができた自分のことを、「よくがんばったね！」と認めてあげてください。

　また、本当に何がなんでもその企業に行きたくて、チャレンジしたいということであれば、こんな方法も考えられます。

- 最短コース：アルバイトでもどんな仕事でもいいから働かせてほしいと粘り、頼み込み、誰よりも成果を上げて社員になる
- じっくりコース：新卒で入社した他社で、企業に欲しがられるようなキャリアを身につけて、中途入社の機会に再チャレンジする

　そんなことできるわけがない、と思うかもしれません。しかし、実際に自分がどうしても入社したい企業に対して、リベンジして成功した人もいます。

　たとえば、最終面接で不合格になったモバイル広告の企業に「どうしても、もう一度面接をしてほしい」とお願いした人がいます。その結果は見事に内定。今では会社を支えるエースとして活躍しています。選考に再チャレンジする制度を正式に設けている企業もあります。新卒採用で不合格だったレコード会社にアルバイトで入社して、今は社員になった人もいます。

　あなたに与えられたチャンスは、実のところ一度きりではないということです。いつでも、その気になれば挽回することができます。だからなにも絶望することはありません。

市場価値と自分の本当の価値は違うもの

　新卒採用は、およそ45万人ともいわれる人材が一斉に企業への応募をスタートさせますから、どうしてもわかりやすい条件で価値づけされる場面があります。たとえば、出身校、体育会の部活動、○○賞、TOEIC®○○点以上といったものです。

　時にはわかりやすい条件で機械的に判断され、あなたがどれだけ企業で活躍できる才能を持っていたとしても、直接出合うチャンスさえ与えられないこともあります。企業の採用活動に関わるスタッフや、かけられる時間や費用、使える施設だって限られていますので、わかりやすい価値基準でフィルターをかけるしか

ないことがあるのです。しかし、就職市場で判断される価値と、あなた自身の本当の価値はまったく別ものですから、自分の価値を低く見積もらないでください。

この「市場での価値」と「そのものの価値」は別物という話をイメージするために、飲料水の入ったペットボトルを例にしてみましょう。

あなたが街にいて水を飲みたいなと思う時、いつもはペットボトルの水を1本買うのに100円～150円くらいのお金を払っていると思います。これが、この水の市場の価値です。

しかし、もしあなたの置かれている環境が変わり、砂漠にいてオアシスを探してさまよっていたのだとしたら、あなたはその水に1万円払ってもいい！　と感じるのではないでしょうか。

簡単な例ですが、いずれの状況も「ボトルの中身」はまったく変わっていません。このように本来の価値は変わっていないのに、環境や売り出し方が変われば、市場の価値は簡単に変わってしまうということです。

自分がたまたま出合った企業で自分の価値が評価されないことがあったとしても、それはあなた自身の本来の価値を決めるものではありません。あなただけが周りに与えている、素晴らしい価値は変わりません。だから、どんなときでもあなたは自分の価値をしっかり信じている状態で面接に臨みましょう。

そもそも自分の価値をずっと低く見ている人がいて、「私はたいしたことないんですよ。ほかの方とつき合うほうがいいかもしれません」という姿勢でアプローチされたら、あなたはつき合いたいと思うでしょうか？　「そうか、本人が自分のことをそう言うんだからそうかもしれない」と信じてしまうでしょう。

目の前の相手に評価されないかもしれない…という不安で押しつぶされそうになってしまう人は、やっぱり多いものです。内定が欲しいという想いが最優先になって、自分に自信がない状態で、何とか相手から評価されるように自分を偽ってうまく話そうとしていると、どんどん苦しくなってきます。その自信のなさや恐れはもちろん表情にも出ます。

自分を偽って話すことで、もらえる内定もあるかもしれません。しかし、やりたくないことをやりたいと言ったり、あなたの苦手なことを得意だと言ったりして、「自分ではない」状態で内定が出たとしたら、入社後に自分に合わない環境が用意されてしまいます。

　あなたがベストの状態で面接に臨むために、まずは自分のよいところ、好きなところをきちんと実感しましょう。そしてあなた自身が自分にOKを出している状態で企業の選考に挑んでいくことで、「自分の伝え方」がだんだんと見えてきます。自分に価値があることがわかっていれば、最終的には結果につながるということも信じられます。あせって企業に合わせて受かろうとする気持ちも消えていくでしょう。

自信がついたことで、まるで別人になって内定したキョウコさんの話

　4年生の5月頃、面接がまったくうまくいかないと相談にきたキョウコさん。お話ししているうちに、どんなに厳しい環境でも、自分ができることを常に考えて問題の改善に取り組むキョウコさんの強みがわかってきました。どんどん自分の強みが見えてきたところで、はじめて彼女の笑顔を見ました。ちょっとハッとするほど素敵な笑顔。これまでと同じ人だったのかと思うほど、まるで別人のようでした。

　不合格が続いて、まったく自信がなくなってしまっていたキョウコさんでしたが、自分の強みに自分が納得できたことで、表情や話し方が大きく変わりました。

　そしてなんと、キョウコさんは相談にきたその日に受けた企業の面接を通過し、更に選考が進んで最終的に内定が出ました。本来の魅力が発揮されると、こんなにも底知れない影響力を発揮するんだなあということを、しみじみと実感する出来事でした。

どうかあなたは、市場価値や目の前の結果に振り回されず、自分の価値や可能性を信じ続けてください。これから社会人になるために、この本を読んでいるあなた、間違いなく社会で活躍が求められる人材です。その可能性を一番信じるべきなのに、信じられていないのは、もしかしたらあなた自身なのかもしれません。

そして入社後も自分で歩き続けること…社会人2年目の衝撃事件

「250名の社員のうち、100名の社員について早期退職を募集」

全社員が集められたホールで、スクリーンに大きく映し出されたその文字を見たのは、私が新卒で入社して2年目の春でした。

私が新卒で入社したのは、東京にあった高級住宅メーカーでした。私が就職活動をしていた当時は、東証一部に上場して数年がたち、売上は毎年右肩上がりに伸びていました。事業は、それまで中心としていた住宅から、投資用の物件やマンションといった新しい分野にも拡大をしているところでした。

「勢いのある会社で、お客様の人生のターニングポイントを支援する仕事をするぞー！」という想いで、転職や就職の支援やブライダルを中心に企業を探していた私が、毎年増収増益で勢いもありそうだし、住宅も人生の大きな買い物だと納得して入社を決めた会社です。

将来は設計士を志望している建築学科出身の同期が多い中で、経済学部というちょっと浮いた存在だったので、てっきり営業になることを予想していた私の配属先は、なんと「採用」でした。しかし、もともと学生の頃から、人材業界にも興味があったということもあり、厳しくも温かい上司のもとで熱心に仕事に打ち込みはじめました。

しかしそのわずか2年後。

リーマンショックの頃に会社の業績は悪化しました。会社は社員の採用をストップするだけでなく、今働いている社員のうち、4割もの人の退職を募集するこ

とを決断したのです。

　全社員にその計画が発表された日の会場の光景は、心なしか薄暗く感じたライトアップの様子まで、今でもありありと私の脳裏に焼き付いています。

　私は、誠実でまじめな先輩たちが集まる、この会社のことが大好きでした。会社をさらに成長させるため、この会社でイキイキと仕事をしてもらうため、という想いで採用活動に一生懸命でした。それなのに、私の仕事は結局、人の人生を大きく狂わせてしまっただけじゃないか。そんなショックが大きすぎて、当時はこの事態を真正面から受け止めることができませんでした。

　会社の今後の方針について発表があった時期は、まさに新卒採用の活動の真っ只中でもありました。当時内定を出していた方にも、会社の状況を説明した文書を送りました。内定取り消しとは明記されないものの、遠回しにお断りを意味するものです。すでに内定の承諾をいただいていた方には、直接ご説明に行きました。そのときの私は、彼女を前にしても何も話せなくて、ただ上司の隣で黙っていました。彼女の夢もよく知っていました。彼女が夢をかなえられる場所だと思って期待して選んでくれた会社が、この有り様です。つい最近まで彼女に期待をさせるような説明をしてきたのは、ほかの誰でもない私でした。

　今振り返っても、あれほど大きなショックを仕事で感じたことはありません。会社がこんなことになる直前まで、何も察することなく、会社の未来を意気揚々と語っていた私。私の一年下には、入社してたった２ヵ月の新入社員たちもいました。会社の将来に期待して入社していただきながら、いざとなったときに社員を守る力もないちっぽけな自分に、とことん無力さを感じていました。

　激しいショックを引きずりながら、社会人２年目にして、また自分はどこで何をして働いていくのか？　という新たな身の置き場を考えることになった転職活動。同じ頃、私の会社以外にも、企業の倒産や早期退職制度の発表のニュースが相次ぎました。友人にも転職を余儀なくされた人がたくさんいました。

これが、私の社会人2年目の出来事です。

その頃から、私が思っていることがあります。
「これからの世の中、会社にキャリアを依存しちゃだめなんだ。いつも自分がめざす方向を考えながら成長し続けよう。そうすれば、いつ今の職場にいられなくなっても、また次の道はきっと開けていく」
私が、企業に入ることや所属することをゴールにしないように、と伝えてきたのは、この時期に切実に感じた想いがあるからです。
どんな企業に就職するかという枠にとらわれずに、まずは自分らしい才能が発揮されて、自分も社会も幸せになる景色を思いっきり自由に描いてみる。その景色を実現するためのファーストステップが就職なら、そのときベストと思える企業を選ぶ。その後も、入社したからといって環境に甘えるのではなく、意識的に成長し続けることを大切にする。
そうすれば私の2年目に迎えた出来事のように、突然会社の状況が変わって何か決断を迫られることがあっても、その状況をステップにしてまた飛躍していくことができます。それまでに会社で自分が積み重ねてきた経験を活かして、また別の場所で、自分の実現したいキャリアを築いていけばいいのですから。
あなたが企業に依存せずに働き続けていれば、たとえ企業に大きな変化が訪れたとしても、「こんなはずじゃなかった」と企業を恨むこともありません。むしろ「今の自分がいるのは、これだけの経験をさせてもらえたからだなあ、ありがたい」という感謝の気持ちさえ持つことができます。そして結果的に、あなた自身が成長しつづけることは、企業の成長にもつながります。

社会で自分らしい才能を発揮して周りを幸せにしながら、日々成長していく。そして成長した先には、あなたがワクワクするような景色がある。そんなハッピーエンドにたどり着くための長い長い道のりのスタート地点が、今あなたの目の

前にある就職活動です。だから、就職活動を機会に自分のことを理解し、どんな未来を実現していきたいのかということについて考えることは、自分のためにも社会のためにもいいことなのです。

　ここまで読んでいただければ、あなたのワクワクする未来への第一歩には、表面的なテクニックをインストールするよりも、内面的な土台をしっかりさせるほうが大切だということが実感できるでしょう。ぐらつかない土台は、あなたの社会人生活をずっと頼もしく支えてくれます。

乗り越えられる壁しかあなたの前には現れない　Chapter 5

Epilogue

そして今の
あなたの姿は…

　梅雨の晴れ間のある日。
　5月からもう一度就職活動をリセットして、1ヵ月半。それから私は、なんと二つの会社からの内定をもらうことができた。もともと志望していた業界と、新しく興味を持った業界だ。社風も合っていてじっくりと成長していけそうなA社にするか、ちょっと忙しそうだけど、仕事の幅が広くてやりがいを持って働けそうなB社にするか。どこでもいいから、とりあえず内定が欲しいと思っていたことがもうずっと昔の話みたいに、今は嬉しい悩みを抱えている。
　就職活動を始めた頃と比べて、私はずっと成長できたと思う。初めの頃は、大したエピソードがないことばっかり気にしていて、将来やりたいことも、そもそも自分がどんなことに向いているかなんて全然見えていなかった。自分のことと同じように、相手の企業のことだって表面的にしか見ていなかった。
　でも、自分の気持ちと向き合うことについてイチからやり直して、自分の本当

そして今のあなたの姿は… Epilogue

にやりたいことや、強み、就職活動の軸について考えられたことで、就活が楽しくなっていった。面接は、やっぱり緊張するけれど、不安は少なくなっていった。等身大だけど自信を持った状態の自分で臨めて、面接でも自分らしいところが伝わる感覚が持てるようになっていった。私が、企業から一方的に選ばれるんじゃなくて、私も企業を選んでいるんだっていう気持ちになれた。

　もしかしたら、もっと内定までには近道があったのかもしれない。でも、自分に自信を持てないままで、将来なりたい自分とか、私にとって大切なこととか、正直よくわからないままの自分で就活が終わるより、今のほうがずっといいんじゃない？って思えてる。

　だってはじめは、これといってなんの特徴もないと思っていた私。でも、ちゃんと目を向けたらわかった、自分らしさ、大切な想い。改めて気づいた周りの人への感謝の気持ち、そして楽しい未来の景色。これは、就活っていうこの数ヵ月間を乗りきるためだけじゃなくて、今後の私の人生にとっても大きなプラスになったと思うから。うーん、私も成長したなぁ。

　さあ、私の社会人生活はこれからだ。未来のことは、そりゃあちょっとは不安だけど、そんな思いをふっとばすくらい、もっともっと大きな期待で輝いてる。

　就職活動は、楽しいこともあれば辛いこともあり、毎日感情がジェットコースターのようにアップダウンを繰り返します。よくない結果が続くと、自分が否定されたような気分になることがあるかもしれません。でも、あなたが成長し、この道を進み続ければその先は明るいゴールにつながっていきます。

　あなたには、あなただけが生きてきた人生のストーリーがあって、そこで育ってきた個性があって、あなただからこそ描けるこれからの未来がある。就職活動はそのことに気づくチャンスですから、可能性を信じて本気で自分と社会に向き合い続けてください。

　さあ、もう少し。あなただけのゴールが待っています。

あとがき

　この本を手に取っていただき、ありがとうございました。あなたの就職活動で、迷いがほどけるきっかけが見つかれば、こんなにうれしいことはありません。

　私はキャリアアドバイザーとしてお仕事をさせていただいていますが、就活生とお話ししたあとに、「思いきって来たけれど、もっと早く出会っていればよかった」という言葉をいただくことがよくあります。やはり、日本では個別カウンセリングのような形式のものは「悩んでいる人が受けるもの」というイメージがあって、そういった場所を訪れるのに、ハードルが高く感じられてしまうのかもれません。

　しかし、キャリアコンサルティングというのは、理想の体をつくるトレーニングジムや、外見の魅力を引き出すヘアサロンにメイクスタジオ、そして体のコリをほぐすマッサージ店のような役割をもって存在しているのだと私は思っています。

　就職活動にあたっては、はじめにこれまでの自分を振り返ってから、未来にあるゴールを設定して、そこまでの道のりを計画します。これはトレーニングジムで、はじめに現在の体の状態や食生活をチェックして、今後の目標を設定するといった要領と似ています。ゴールまでの道のりを設定し、活動をスタートさせてからは、仕事についての理解を深め、自分の持ち味やその伝え方をさらに磨いていきます。ヘアサロンやメイクスタジオでは、その人の顔立ちを活かす髪型やメイクを提案するように、私たちが行うキャリアコンサルティングは、その人の内面的な魅力が相手にちゃんと伝わるような最適な表現を選ぶためのお手伝いをし

ています。
　もちろん、一息つく間もないほどに忙しく、気持ちのアップダウンも大きくなりがちな就職活動では、マッサージのような体のメンテナンスと同じように、心のメンテナンスも大切です。訪れた人にその場で気持ちを良い状態に整えるお手伝いをしたり、自分でも普段から気持ちを切り替えられる方法をお伝えしたりしています。
　このように、キャリアコンサルティングはいろいろな側面をもっています。ですから、とにかく切羽詰まった状態の就活生の治療所というより、訪れた就活生がより成長を加速させるサポートを受けたり、キャリアを選択していくうえで、自分では気づかなかった視点や考え方を得たりする場でありたいと思っています。
　この本では、実際にあなたとお会いしたときに、きっと私がお伝えさせていただくことを一つひとつ語ってきました。普段のやりとりの様子が本書を通じて少しでも伝えられれば幸いです。そして、「思いきって来ました！」というハードルがなくなれば、最高だと思います。

　時代がどんどん変化していくなかで、これまでの「経済的、社会的な成功とされてきたこと＝幸せ」という概念は形を変えつつあります。「安定した企業がいい」という希望を聞くことも多く、不確実な未来に就活生が抱く不安もひしひしと感じとれます。でも、そんな不安に飲みこまれず、自分の手で、自分が望む未来を

実現することができることを自ら信じて、枠を超えたチャレンジをどんどんしてみてください。

　もちろん、チャレンジにはいつだって壁がつきものです。しかし壁と同時に、同じ想いを持った人や応援してくれている人との温かいつながりが生まれます。そして、壁を乗り越えた先には新しい景色が広がっています。

　一人ひとりが前向きな変化を楽しみ、チャレンジしつづけるエネルギーがひとつの大きな流れになって、社会も企業も家庭も活力に満ちていけば、きっと世の中はもっと幸せにあふれたものになっていくはずです。同じ社会を支える仲間として、これからの可能性に満ちたあなたの活躍を、心から期待しています。そして、今日も同じこの空の下で頑張っているあなたのことを、渋谷から全力で応援しています。

　最後になりましたが、この本が完成するにあたって、たくさんの方々に支えていただきました。荒削りの新人だった私を、とにかく根気強く温かく導いてくださり、この本を出すきっかけもつくってくださった、リトラッド株式会社・代表の上野泰彦社長。私の気持ちを引き出してくださり、あらゆる方法で最大限、形にしてくださった、TAC出版編集部の森孝時さん。お二人なしに、この本は生まれませんでした。本当にありがとうございます。

そのほか、出版にあたり校正やイラストにお力添えをいただいた皆さまに感謝いたします。
　また学生時代に、私がこの道に進むきっかけをつくってくださった近藤悦康さん。キャリアやコミュニケーションについて、大切なことをたくさんたくさん教えていただいた小津剛さん。それぞれのフィールドで活躍し、いつも勇気づけてくれる大切な仲間たち。そして、まだまだここに書ききれない、多くの大切な方たちに心から感謝します。
　そして何より、試行錯誤を重ねながら、大きく成長し、内定まで走りきった多くの受講生の皆さんの努力と成長のストーリーのおかげで、この一冊の本が生まれました。本当にありがとうございました。

井上 真里

参考にした書籍・資料等について

本書の執筆にあたり、以下の書籍、資料等を参考とさせていただきました。

〈書籍〉

○スティーブン・R.コヴィー『７つの習慣 ― 成功には原則があった！』
　キングベアー出版
○ちきりん『ゆるく考えよう 人生を100倍ラクにする思考法』
　イースト・プレス
○『ホンネの女子就活―センパイたちが就活中に悩んだこと［2013年度版］』
　実務教育出版
○村上春樹『夢を見るために毎朝僕は目覚めるのです　村上春樹インタビュー集
　1997－2011』文藝春秋

〈映画〉

○「宇宙兄弟」2012年　配給：東宝
○「ガール」2012年　配給：東宝
○「ブラック会社に勤めてるんだが、もう俺は限界かもしれない」2009年
　配給：アスミック・エース エンタテインメント

〈その他資料〉

○厚生労働省「コース別雇用管理制度の実施・指導等状況（2012年）」
○厚生労働省「厚生労働省編職業分類（平成23年改定）」
○第一生命　2010年夏休み子どもミニ作文コンクールアンケート
　「大人になったらなりたいもの」

カバーデザイン　辻 佐奈恵（ZUGA）
カバーイラスト　豊島 宙（asterisk-agency）
本文イラスト　　こいで えみ（協力：株式会社必然）

●著者プロフィール
井上真里（いのうえ・まり）
キャリアアドバイザー。石川県金沢市生。慶應義塾大学在学中より、人材教育の企業にて学生キャリア支援のサポートに関わり、その後は東証一部上場の富裕層向け住宅メーカーとIT企業の2社で採用担当者として、のべ6,000名超にセミナーやプレゼンテーションを行い、2,000名以上の面接を担当。採用担当として全国を採用活動に飛び回るほか、教育研修、異動や退職など学生のキャリア選択から社会人のキャリアに関する領域を幅広く経験。
2011年5月、リトラッド株式会社に参画。全国の高校生・大学生を対象に面接トレーニング、キャリアに関する講演を行う。就職活動を通して、一人ひとりが目指す「なりたい自分」をサポートするために「就活のキャリアデザインスクール 就活モード」を開校。一人ひとりの価値観に向き合い本来の力を引き出す就職活動支援が多くの学生から支持され、口コミを中心に就活のパートナーとして絶大な人気を得ている。
秘書検定準一級、NPO生涯学習認定キャリア・コンサルタント等の資格を持つ。

◆就活女子応援☆今日からできる面接対策！
　http://ameblo.jp/mensetsucafe/
◆就活のキャリアデザインスクール「就活モード」
　http://www.syukatsu-mode.jp/

就活女子のための就活迷宮から抜け出すトビラ

2013年6月27日　初版　第1刷発行

著　　者	井上真里	
発行者	斎藤博明	
発行所	TAC株式会社 出版事業部（TAC出版）	

　　　　　〒101-8383 東京都千代田区三崎町3-2-18 西村ビル
　　　　　電話　03-5276-9492（営業）
　　　　　FAX　03-5276-9674
　　　　　http://www.tac-school.co.jp/

組　　版	株式会社　グラフト
印　　刷	株式会社　光　邦
製　　本	東京美術紙工協業組合

©Mari Inoue 2013　　Printed in Japan　　ISBN 978-4-8132-5400-3
落丁・乱丁本はお取替えいたします。

本書は、「著作権法」によって、著作権等の権利が保護されている著作物です。本書の全部または一部につき、無断で転載、複写されると、著作権等の権利侵害となります。上記のような使い方をされる場合には、あらかじめ小社宛許諾を求めてください。

EYE LOVE EYE　視覚障害その他の理由で活字のままでこの本を利用できない人のために、営利を目的とする場合を除き「録音図書」「点字図書」「拡大写本」等の製作をすることを認めます。その際は著作権者、または、出版社までご連絡ください。

幸せの順番

あなたがうまくいっていないのは、なぜでしょう。"人生においてやるべきものごとには、順番がある"と気づいた瞬間、仕事もプライベートもうまくいくようになります！ 著者が、苦難の前半生を経て見出した「人生のステップアップ法」とは？

鳥飼 重和・著
定価1,260円（税込）

「上質な基本」を身につける!
ビジネスマナーの教科書

身だしなみから仕事の作法まで！「ファーストクラスに乗る人のシンプルな習慣」著者の美月あきこ他が、人と差がつく1ランク上のマナーを、ノウハウも交えて教えます。

美月 あきこ withCA-STYLE・著
定価1,050円（税込）

「格安航空会社」の
企業経営テクニック

今、メディアで話題の格安航空会社（LCC）がいちばんよくわかる本です。「薄利多売」ではなく、高利益率を達成しているLCCの経営ノウハウの秘密を解き明かすとともに、他業種での活用法も解説します。

赤井 奉久　田島 由紀子・著
定価1,260円（税込）

好評発売中

トップ・インタビュアーの「聴き技」84
木村 隆志・著／定価 1,260 円（税込）

コトラーのマーケティング理論が2.5時間でわかる本
岡林 秀明・著／定価 1,260 円（税込）

コーチみよしの　ヘーンシン！
TAC中小企業診断士講座・編／定価 1,260 円（税込）

TAC出版

価格は税込です。

ご購入は、全国書店、大学生協、TAC各校書籍コーナー、
TACの販売サイト「サイバーブックストア」(http://bookstore.tac-school.co.jp/)、
TAC出版注文専用ダイヤル（☎0120-67-9625 平日9:30～17:30）まで

お問合せ、ご意見・ご感想は下記まで
郵送：〒101-8383 東京都千代田区三崎町3-2-18
TAC株式会社出版事業部
FAX：03-5276-9674
インターネット：左記「サイバーブックストア」